艺术 体育
高校学术研究论著丛刊

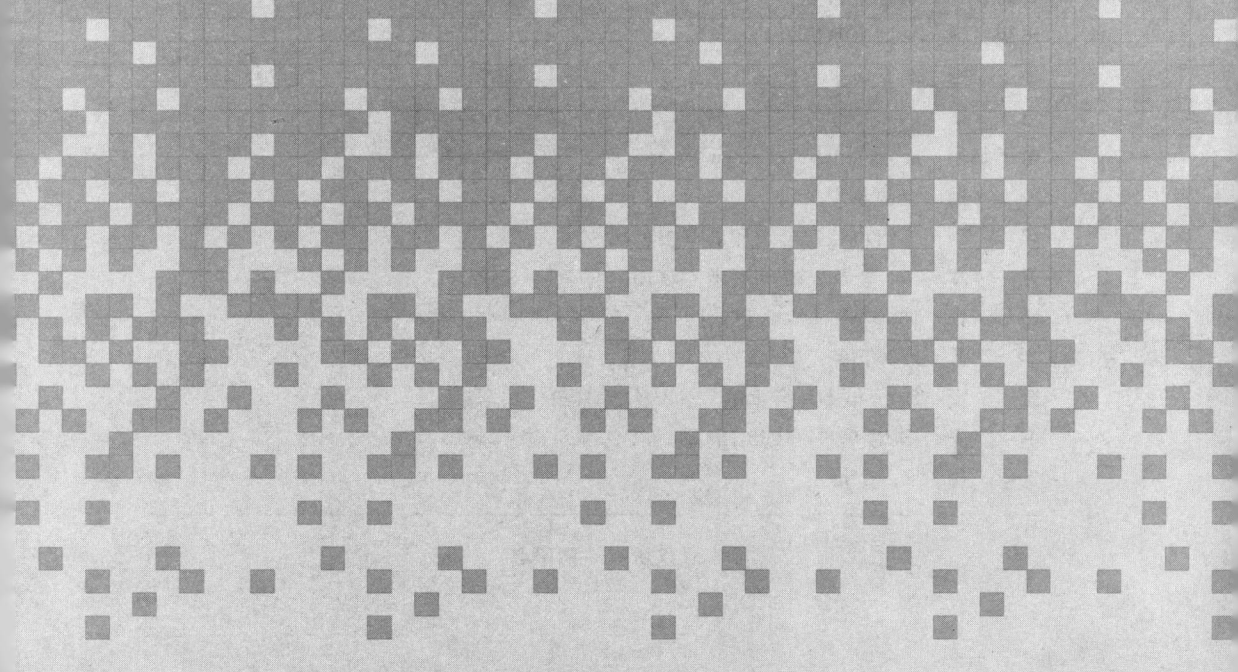

彭飞 著

武术健身方法与推广发展研究

中国书籍出版社
China Book Press

图书在版编目(CIP)数据

武术健身方法与推广发展研究/彭飞著.--北京：中国书籍出版社,2019.11
ISBN 978-7-5068-7561-5

Ⅰ.①武… Ⅱ.①彭… Ⅲ.①健身武术－研究 Ⅳ.①G85

中国版本图书馆 CIP 数据核字(2019)第 270244 号

武术健身方法与推广发展研究

彭 飞 著

丛书策划	谭 鹏 武 斌
责任编辑	成晓春
责任印制	孙马飞 马 芝
封面设计	东方美迪
出版发行	中国书籍出版社
地　　址	北京市丰台区三路居路 97 号(邮编:100073)
电　　话	(010)52257143(总编室)　(010)52257140(发行部)
电子邮箱	eo@chinabp.com.cn
经　　销	全国新华书店
印　　刷	三河市铭浩彩色印装有限公司
开　　本	710 毫米×1000 毫米　1/16
印　　张	16.5
字　　数	285 千字
版　　次	2021 年 1 月第 1 版　2021 年 1 月第 1 次印刷
书　　号	ISBN 978-7-5068-7561-5
定　　价	80.00 元

版权所有　翻印必究

目 录

第一章 武术健身观探讨 ………………………………… 1
  第一节 武术核心价值的转变:从技击价值到健身价值 …… 1
  第二节 武术与强身健体 ………………………………… 4
  第三节 武术与心理健康 ………………………………… 6
  第四节 武术与全民健身 ………………………………… 12

第二章 武术健身理论体系构建 ………………………… 48
  第一节 武术健身原则 …………………………………… 48
  第二节 武术健身方法 …………………………………… 53
  第三节 武术健身处方 …………………………………… 68
  第四节 武术健身安全保障 ……………………………… 72

第三章 武术之气功健身 ………………………………… 79
  第一节 五禽戏 …………………………………………… 79
  第二节 六字诀 …………………………………………… 84
  第三节 八段锦 …………………………………………… 88
  第四节 十二段锦 ………………………………………… 94
  第五节 易筋经 …………………………………………… 99

第四章 武术之太极健身 ………………………………… 108
  第一节 太极站桩功 ……………………………………… 108
  第二节 太极操 …………………………………………… 110
  第三节 太极拳 …………………………………………… 114

第四节　太极剑 ……………………………………… 125
第五节　太极推手 …………………………………… 151

第五章　武术之其他项目健身 …………………………… 155
第一节　呼吸功 ……………………………………… 155
第二节　练功十八法 ………………………………… 157
第三节　马王堆导引术 ……………………………… 164
第四节　大舞功法 …………………………………… 168
第五节　少林强壮功 ………………………………… 171
第六节　防身治病功 ………………………………… 173
第七节　散打 ………………………………………… 177

第六章　武术健身活动的开展与推广 …………………… 188
第一节　社区武术健身活动的开展现状调查 ……… 188
第二节　社区武术健身活动开展中存在的问题分析 … 203
第三节　学校武术健身活动的开展 ………………… 206
第四节　武术健身活动的推广策略研究 …………… 215

第七章　武术健身产业的发展研究 ……………………… 226
第一节　武术产业化发展之路 ……………………… 226
第二节　武术健身业概述 …………………………… 232
第三节　武术健身业的发展情况分析 ……………… 236
第四节　推动武术健身业可持续发展的对策研究 … 252

参考文献 ……………………………………………………… 255

第一章 武术健身观探讨

我国劳动人民在长期征服与改造自然的过程中创造了武术运动,这是全民族智慧的结晶。武术运动鲜明的技击特性和独特的健身功能早已被人所知,而它独特的健身功能主要从促进人身体健康和心理健康两大方面体现出来。本章旨在通过阐析武术运动在促进人身体健康和心理健康方面所产生的积极影响,使大众对武术运动有更新的、更深层的认识,从而吸引更多的人参与武术健身,并充分发挥武术在全民健身中的作用。

第一节 武术核心价值的转变:从技击价值到健身价值

传统武术起源于远古时期的生产劳动,先民们与大自然斗争以谋求生存,在斗争中产生了一些基本的技击动作。随着生产力水平的提升,原始部落之间产生激烈的利益冲突,随之便引发了战争,此时战士们将对付自然界野兽的技击动作用在与敌人的斗争中,随后在军队训练中又反复练习这些搏击技能,从而使战争格斗技能从原始生产技术中逐步分离出来。封建社会时期,传统武术的功能初步得到完善,流传到现在,其已具备健身养生、娱乐、技击、教育等多元功能。传统武术所具有的价值功能从其发展历程中可以得到充分证明,但只有依托特定的社会时代背景才能解释传统武术的表现形式和存在理由,因为传统武术在不同历史时期的功能表现与当时社会的价值认同有密切的联系。

随着历史进程的推进和武术的演变,武术运动的价值核心也随之发生了变化,主要变化趋势为从技击价值向健身价值的过渡转变。

一、武术技击价值的衰微

传统武术的价值中心和主要表现形式是技击技能的实用性。传统武术在冷兵器时代作为一种综合性实用技术得到了广泛的应用,人们在运用过程中提高了自身的攻防意识和防身自卫技能水平。传统武术当时在军事战争领域被重用,除了能对战敌人外,还能使士兵强身健体,提高士兵的个人自卫能力,同时武术技击也是人们获取官职的一种途径。传统武术是在实践中形成技击技能的,而且也只能通过实践来体现武术的技击实用性。

当前,传统武术的技击价值正在走向衰落,在不断弱化。有人认为,传统武术在现代和平发展的时代中已经失去了原来的生存环境,传统武术的发展也因此而受到了严重制约。也有人认为,现代社会中,传统武术的技击价值已无可用之处,这导致了传统武术的消亡。这也是人们将传统武术在现代社会中的处境称作"濒危非物质文化遗产",并提出要对传统武术重点保护的原因。

有人也质疑,难道现代人真的不需要学习武术技击技术吗?现代社会背景下传统武术的技击价值真的毫无意义吗?答案是现代人也有学习武术积极技术的需要,传统武术在现代社会有继续生存的必要和意义。虽然信息时代科技发达,但人们的身体素质水平不断下滑已是不可否认的事实,现代人对健康生活有很高的需求,近些年武术俱乐部和武术健身场所的发展也反映了人们对健康的追求。诚然,对军队来说,武术的技击训练必不可少,只有掌握武术技击技术,才能保护自己,同敌人搏斗。但即使现在我们处于一个和平的时代,遇到突发事件时也需要有自卫防身甚至是保护他人的能力,而平时学习武术拳法、摔法不仅能够强身健体,还能够保护自己和他人,这也是间接意义上对国家安全和社会稳定和谐的维护。所以说,传统武术的技击价值始终都是人们保卫自身安全和维持健康的重要保证,只是随着社会的发展,社会治安日益安定,武术的技击价值衰微,随之向人们更重视的健身和养生方向转变。

二、武术健身功能逐渐成为价值核心

随着经济的发展,人们的生活水平大幅提升,特别是高新科技进入人们的生活后,给人们带来了很多方便和好处。但我们不能只看到高科技带来的有利的一面,还要看清它的另一面。高新科技时代到来后,互联网技术得到广泛应用,人类足不出户就能获得外界信息,但伴随出现的问题是人们越来越少的身体活动使其体质水平急剧下滑,健康亮起了红灯。

现代社会生活节奏越来越快,人们从事的工作也大都是脑力工作,所以在人们物质生活条件得到改善的同时也面临越来越大的精神压力,一系列的文明病接踵而至,并成为社会关注的焦点问题。此外,在老龄化趋势越来越快的今天,人们希望能健康长寿,对健康有越来越高的要求。因此,人们对健康又养生的生活方式展开了漫长而无止境的探寻。显然,传统武术的健身功能与人们的健康需求最接近,能满足人们延年益寿的需求。

传统武术的健身功能主要体现强身健体,提升人体抵抗力;缓解身心压力等方面。武术运动参与者一致认为,武术运动具有外健体格、内修养心的功能价值,健身气功、太极拳等项目尤其如此,亚健康人群在武术健身锻炼中将这些项目作为首选。武术讲求完整性,要求内外统一,强调外部身体练习与内在精神的协调配合,从而在锻炼体质的同时促进内部循环机制的优化,而且通过培养武德,还能使人心态平和,使人的精神面貌得到改善。此外,人们在武术健身锻炼中,对物质追求的欲望会慢慢下降,心理状态得到良好的调节,保持积极向上的健康心态,这样就不会因为理想和现实的差距而忧心忡忡,很好地避免了心理失调。所以说,传统武术的健身价值不仅保证了人们的健康和良好的心态,还给人们的生活增添了乐趣。

总之,现代社会中,武术更多地是作为人们祛病防病、强身健体、修心养性、延年益寿的一种手段而存在,保障人的身心健康协调发展。这充分体现了武术的核心价值已从技击价值转变为健身功能。

第二节 武术与强身健体

武术运动老少皆宜,在我国拥有广泛而深厚的群众基础,这与其丰富的内容、多样的形式、独特的风格、简便的运动形式、显著的健身效果等都是分不开的。科学进行武术锻炼,并坚持不懈,可以获得明显的健身效果。而且在全民健身中,武术的健身功能是其他项目无法替代的。

一、增强体质

科学进行武术锻炼能够强身健体、通脉活血。武术对健康非常有益,是全民健身中非常重要的组成部分。从武术的内容来看,武术既有技击功能,又有健身功能,还有吸引人的表演功能。源远流长,博大精深的中国武术有众多门派、流派。许多专家、学者从现代生理保健方面充分肯定与高度评价了武术的不同表现形式。以武术的代表项目之一太极拳为例来说,这项运动深受广大群众喜爱,它讲求正确的呼吸方法,在传统中医学说的渗透下强调"以意导气",这也是人们在练拳时要恪守的原则。长期坚持不懈地进行太极拳锻炼,可以打通人体的经络,使机体的血液循环功能增强,从而使全身的免疫功能大大改善与提升。运动医学专家指出,老年人经常打太极拳不仅有助于改善体质,还有助于增强骨骼系统、神经系统、循环系统、免疫系统、消化系统等身体机能，从而提高身体素质健康水平。

再比如，经常从事八卦掌锻炼可明显地改善运动系统（骨骼、关节、肌肉等）的结构和机能，对老年人尤其重要。而且它还能使老年人的心血管系统、呼吸系统、视听觉平衡机能均得到锻炼和增强。武术的各类拳种如少林拳、长拳、南拳等都能起到显而易见的强身健体作用。

二、壮内强外

《老子》中说："是谓深根固柢，长生久视之道。"武术强调内外兼修，对身体的好处体现在多方面，长期坚持练习能获得壮内强外的良好效果。例如，武术长拳类的套路包括屈伸、跳跃、回环、跌扑、平衡等动作，在锻炼中不仅要求全身各个器官组织积极参与，还要求呼吸的配合和内在的精神贯注，尤其是练习基本功可以使人体肌肉力量增强，使肌肉韧带的伸展性提高，使关节运动幅度加大，从而促进柔韧性的改善。而散打运动中的起动、格挡、躲闪、回击及判断等能够使人体各方面的运动素质都得到协调发展。

三、防治疾病、延年益寿

武术运动锻炼中，不仅要求外在形体动作准确规范，还要求内在精神传意，这是中国武术的独特之处。武术强调内外统一、兼修，内指气息运行和心志活动（心、神、意等）；外指的是形体活动（手、眼、身、步等）。内与外的统一也就是形与神的统一，也就是既要在外修筋骨肌肤，又要在内修心神意气。这可从武术拳法中得到体现，如太极拳主张身心合修，要求"以心行气，以气催力，以力运身，以意导动"；少林拳要求"外练手眼身法步，内练精神气力功"；形意拳讲究"气势相连，内外六合，心气一发，四肢皆动"。这些拳法都要求"心动形随，形断意连，势断气连"，即要求习武者将外在形体动作和内在精气神结合起来,达到内外统一、协调一致的境界。[①] 总之,在遵循基本要求的基础上科学进行武术锻炼,可达到防病疗病,陶冶情操的积极效果。

作为一项强身健体的体育项目,武术对内能理脏腑、通经脉、调气血、振精神,对外能利关节、强筋骨、健肌肤、壮体魄,可使人的身体素质全面提高,使机体内环境的平衡得到调节。[②] 长期坚持武术健身锻炼,不仅能防治机体各系统的常见疾病,如神经系统疾病、循环系统疾病、呼吸系统疾病、消化系统疾病等,还能促进血液循环和物质代谢,减少体内淤血,使因神经系统机能紊乱而产生的疾病得到有效的预防,特别对改善肺组织的弹性、增强肺的通气功能及二氧化碳代谢功能非常有效。此外,在武术锻炼中还能改善脊柱的形态和组织结构,提高关节活动的灵活性。

总而言之,武术符合人体健康科学,能够使人修身养性、延年益寿的需求得到满足。

第三节　武术与心理健康

一、武术与智力发育

在武术强身健体功能的分析中已经提到,内外协调,形神兼备是武术运动的一大特色,武术对外在形体动作的规范、内在精气神传意是同等重视的。也就是说武术传达的是一种整体运动观,核心是内外合一。作为武术运动的重要组成部分,武术套路运动在技术上对内外合一的整体观有突出的强调,要求练习中做到心动形随,形断意连,势断气连,完整一气。这也是武术套

[①] 刘云东等.论武术在全民健身中的作用与延伸性发展[J].搏击·武术科学,2015(03).

[②] 同上.

路运动的基本特点和风格。习武者不仅要有目的、有意识地对外在的身体活动进行控制,还要高度集中注意力,注意意识、呼吸的配合,使之与外在形体动作协调一致,否则完成的动作将毫无意义。

武术中的对抗性搏斗项目是两个人斗智斗勇的较量,武术套路演练又体现了武术功力与技巧的统一。武术比赛复杂多变,只有具备快速接受与判断信息的能力,才有战胜对手的可能,这对人的思维能力、想象力和创造力是一个很好的锻炼。所以,说武术健身运动可提高人的智力水平。

二、武术与情绪情感

武术运动有非常丰富的内容和形式,人们在武术健身练习中,可选择性很大,选择的自由度也很大,从自身条件出发选择适合自己的内容进行科学练习,有助于提高锻炼效果。武术练习过程中,习武者在心理、情感上的满足感油然而生,同时友爱、乐观、愉快等情感也能够被激发出来。例如,长期进行太极拳锻炼,能使人神清目明、性格温和、心旷神怡、豁达开朗,这不仅是对情操的陶冶,也是对灵魂的洗礼。所以,人们以"文明高雅的运动"来称赞太极拳。

人们在具有竞赛性的武术运动中可以感受变化多端的激烈竞争,能够产生喜、怒、忧、思等各种情绪体验,并可以尽情抒发心中美好的情感,合理宣泄不良的情绪,达到调节情感情绪的效果。

三、武术与意志品质

个体自觉确定目标,付出行动,克服阻碍,以实现稳定的心理过程就是所谓的意志。完成任何一项任务都需要意志,这是必不可少的重要心理保证。意志品质体现了一个人的自觉性、自制性、果断性和坚韧性。"只要功夫深,铁杵磨成针""冬练三九,夏练三伏"等中国古老的谚语正是说明了意志品质的重要性。练习武艺同样需要坚强的意志。练习者必须吃苦耐劳、坚持不懈,持之以恒,才能取得一定的效果。

不管是参加武术健身、武术训练还是武术比赛,练习者都要确立明确的目标,并要有战胜困难的勇气和决心,只有坚定不移地走下去,才能有所成就。另外,运动环境瞬息万变,练习者需要在不断变化的环境中遵守规则,灵活应变,有自制力,克服个人欲望,以集体利益为主等。可见,武术运动在培养和磨练人的意志品质方面具有非常重要的功能价值。

四、武术与个性

个性指的是较为稳定的、具有明显倾向性的心理特征,这可以从个体的整体精神面貌中体现出来。人的需要、动机、信念、理想、兴趣、性格、气质以及能力等都是个性心理特征的内容。遗传因素和社会诸因素都会影响人的个性,而在促进个性发展方面,体育锻炼发挥的作用不可忽视,武术作为体育健身项目,同样具有这方面的作用与价值。

武术功法要求练习者立身中正,头容正直,形神合一,动作匀速缓慢,像行云流水一般绵延不断,而且要做到动静结合,刚柔相交,虚实相融。武术功法蕴含传统哲学文化,经常练习,可改变人的性格,尤其可以改变具有焦虑、急躁、易怒、多疑、小气等表现特征的性格,形成豁达稳健、随和沉静、乐观磊落的性格。而且,在武术锻炼中,要求人坚持不懈,常年坚持,这对人坚定毅力和沉着冷静的精神的培养也是有帮助的,还能使人克服懒散、不易集中注意力、消极薄弱的个性,从而养成健康的生活习惯。此外,多在空气清新的清晨进行武术锻炼,还会令人心旷神怡。所以说,武术不仅具有健体强身的作用,还能使人的修养提高、人格健全、性格完善。

进行武术锻炼要先将锻炼的目标明确下来,这样才有方向,才会激励自己努力,逐渐靠近目标,这样锻炼的积极性也会提高。习武者水平不一,在练习中要互相鼓励与帮助,不得轻视或嘲笑武艺不如自己的人。基础较差的练习者在练习中会获得同伴的鼓励,也会得到指导员的积极心理暗示,这对培养良好性格和积极心理非常有好处。

此外,武术运动还要求习武者在锻炼中解放思想,沉下心来,集中精力,全力以赴,这也会在无形中改善人的性格,使人更开朗、自信、果敢。

五、武术运动与个体社会适应性

在现实社会中生存的任何一个个体都不是完全独立存在的,只有与周围的环境发生联系才能在社会中稳定生存下来。所以每个社会个体都必须具有一定的社会适应能力。人对社会环境及其需求吻合的心理准备状态和程度便是社会适应性。[①]

武术内容丰富,形式多变,推手、散打、短兵等具有竞技对抗性,各种器械、拳术和对练又适合表演,各种功法均能增强人体体能。不同的项目在动作结构、技术要求、运动量等方面都有不同的要求,而且各自形成了不同的运动风格,不同性别、年龄、体质、兴趣和条件的人都能找到适合自己参与的武术锻炼项目。同时,武术对场地器材没有太高的要求,俗称"拳打卧牛之地",根据实际场地大小和现实条件,练习者可以调整或改变武术练习内容和练习方式,灵活性很强。

另外,时间、季节等因素对武术运动的限制也比较小。所以,和很多其他体育运动项目相比,武术运动的适应性更广泛。这也是武术运动经久不衰,传承至今,发扬光大的一个主要原因。武

[①] 杨永强.论武术运动对心理健康的影响[J].吉林体育学院学报,2007(05).

术的这一特点和优势为现代群众性体育活动提供了方便。群众性武术活动形式以集体练习和竞争为主，人们在活动中相互沟通、帮助、体谅，调整自我状态来为集体目标奋斗，这样有助于心理相容性的提升、人际关系的改善和和谐人际关系的建立，同时对个体社会适应能力的提高也有重要的促进意义。

六、武术促进心理健康的其他表现

（一）预防心理因素诱发的疾病

一些疾病的产生与心理因素有非常密切的关系。《内经》是我国古代最早的医学典籍，其中就明确指出，疾病产生的内因可能出在喜、怒、思、忧、惊、恐、悲等问题上。巴甫洛夫（伟大的生理学家）也说过："忧愁、顾虑和悲观，可以使人得病；积极、愉快、坚强的意志和乐观的情绪，可以战胜疾病，更可以使人强壮和长存。"[1]

现代科学研究证明，从心理学理论上可以解释一些疾病的产生，也就是说发生疾病是有心理根据的。心理因素能够使人体内激素的平衡发生改变，对人体器官系统的功能造成干扰，使人体免疫能力降低。人在有不良情绪时，如紧张、生气、焦虑等，会增加血液中生物活性物质的数量，如五羟色氨、儿茶酚氨等，从而诱发一系列疾病，常见的有溃疡病、高血压、脑溢血、心肌梗塞、心绞痛等。如果一个人长期处于精神压抑状态，或神经系统长期受到不好的刺激，则神经衰弱、精神病、神经性厌食症、甲状腺功能亢进、癌症、偏头痛等病都有可能被诱发。这些不良因素如同细菌向人的机体发起攻击，使人猝不及防。

---

[1] 郝文亭.武术运动与心理健康[A]//中国体育科学学会运动心理学专业委员会、中国心理学会体育运动心理学专业委员会.第8届全国运动心理学学术会议论文汇编[C].中国体育科学学会运动心理学专业委员会、中国心理学会体育运动心理学专业委员会，2006:5.

武术具有心理健康促进功能,因此也有预防疾病的功能,如练太极拳时,练习者集中精神,泰然自若,从容不迫,身心全面放松,大脑充分休息,安详舒适,机体反应敏锐,动作灵活,神经系统的紧张性明显减弱,所有痛苦、焦虑、忧愁的不良心情都会被抛到九霄云外。可见,武术运动是一剂非常有效的"良药",能有效预防因精神紧张而引起的一系列危害健康的疾病。

(二)培养沉着冷静的心态

武术中的部分项目要求练习者高度集中注意力,以意导动,意到气到,气到劲到,势随神移,内外合一。所以通过武术锻炼可同时提高身心素质、心理境界及技击水平,使人更有信心,更有智慧。而有了信心、智慧和涵养,提高了成绩,心态自然也会变得越来越沉着冷静。

(三)培养审美能力

武术包含美的因素,这能将人积极求胜的斗志激发出来,而武术的美又使其具有陶冶情操的功能。武术的审美主要分为两部分,一是技击美,二是技术美,二者有机结合,相互促进,相得益彰,将武术"以美启真"的独特审美特点和魅力充分体现出来。在武术套路演练中,"武打"的氛围是人们可以切切实实感受到的,在观看散打比赛时,观众又能从摔打跌扑、跳跃窜蹦、闪展腾挪等形体动作变化中体会"演"的韵味。武术运动刚柔相济、动静结合的性情体现让人赏心悦目,获得美的享受。人们在观赏武术竞技和表演的过程中,审美能力也会得到提高。提高竞技水平是发展武术的一大突破口,武术向奥运会进军的过程就体现了这一点。

李小龙等武术明星将中国武术搬上银幕,使全世界各地的观众为中华武术鼓掌赞叹,使中国武术在世界上产生了巨大的影响力,他们为中华武术走向世界做出了巨大的贡献。武术进军奥运会是一个艰难的过程,但我国始终没有放弃,为了坚定的目标不断努力,这预示着体现竞技性的武术竞技的观赏功能将得到进一步的加强。

(四)培养爱国主义情操

武术教育中,"武德"的教育非常重要。"武德"教育能够对习武者见义勇为、尊师重教的意识进行培养。武术教育可促进人综合素质的提高,能够对人的人生观和道德观进行改造,培养习武者与人为善,宽容博纳的气度。另外,培养爱国主义精神也是武术教育价值的重要体现,中国武术运动员在世界武术比赛中夺金摘银,对中国人来说是极大的鼓励,激发了国人的爱国情操和民族自豪感。

第四节 武术与全民健身

一、全民健身概述

(一)全民健身的概念

全民健身是指全国人民,不分男女老少,全体增强力量,柔韧性,增加耐力,提高协调,控制身体各部分的能力,从而使人民身体强健。全民健身旨在促进国民体质和健康水平的全面提高。全民健身活动的重点对象是儿童和青少年,倡导全民每天参加一次以上的体育健身活动,学会两种以上健身方法,每年进行一次体质测定。[1]

全民健身概念的产生主要与两个方面的原因有关,一是世界大众体育对我国产生了深刻的影响,二是建设中国特色社会主义必须搞好全民健身工作。

---

[1] 李相如,苏明理.全民健身导论[M].北京:高等教育出版社,2008.

（二）全民健身的特征

1. 全民性

全民健身是针对全体国民的健身活动，以所有国民为服务对象，所以必然具有全民性。这也是"以人为本"理念的体现。全民健身强调公民参加体育运动的平等权，通过全民健身，体育及体育的乐趣可以被全体国民享有，全民健身惠及的是全体国民，而不是针对少数特殊群体。在参与全民健身活动方面，每个人都有同等的权利，当然，社会公德和公共准则对每个人的约束力也是平等的，不会给个别人特权。

2. 健身性和娱乐性

健身性可以说是大众体育的本质特征和本质追求。大众体育的健身性特征是众所周知、毋庸置疑的，如促进人体健康，提高体能，永葆活力等。除了健身性外，大众体育的娱乐性特征也是有目共睹的，如放松心情，振奋精神等。全民健身的健身性和娱乐性相互影响，相互促进，相辅相成，身体的健全涵盖了精神方面，健康的身体又是精神健全的基础。在全民健身活动的推广中，亿万群众自觉自愿参与其中，以直接的身体活动为基本形式而达到身心健康和娱乐休闲的多重目标。

3. 公益性

群众性体育事业具有公益性，也就是为社会公众谋取利益的事业。社会主义市场经济体制对这项公益性社会事业的发展有重要的影响，这项事业不可能完全由国家大包大揽，政府、社会、公民在这项福利性事业中各有自己必须承担与履行的职责。

4. 多元性和灵活性

全民健身的多元性与灵活性特征主要从三个方面体现出来，具体分析如下：

(1)服务对象。

服务对象的多元与灵活是全民健身多元性与灵活性特征的首要表现。前面提到，全民健身具有全民性，不管男女老少，不管是什么文化程度，什么职业，什么阶层，只要是中国国民，都在全民健身的服务范围内，但要根据不同服务对象的具体情况而有针对性地提供不同的服务。

(2)投资主体。

投资主体的多元与灵活是全民健身多元性与灵活性特征的第二个表现。实施全民健身计划，发展全民健身事业，没有足够的资金是不可能落实的，这是基础条件和前提保障。全民健身的推广与实施需要国家和政府加大资金投入与扶持力度，但也不能完全将这个担子压在政府部门上，这会给国家财政带来压力。上面提到，政府、社会、公民在这项福利性事业中各有自己必须承担与履行的职责，都要发挥自己的力量，做出自己的贡献，因此要鼓励企事业单位、社会团体、个人对这项事业的资助。这就体现了投资主体的多元性。各方面在全民健身事业上的资金投入比例是可以协调的，没有固定的标准，这也体现了全民健身投资方式的灵活性。

(3)工作方式。

工作方式的多元与灵活是全民健身多元性与灵活性特征的第三个表现。全民健身事业发展中，由政府、社团、单位、社区以及民间健身俱乐部所组成的工作体系具有多元化，同样工作方式也具有多元化，这是随着广泛而深入地开展全民健身活动而逐渐形成的。体育组织是一个庞大的系统，该组织内部的各个机构单位都有自己的职能和职责，分工明确，各自发挥作用，并相互协调配合，为共同的体验发展目标而努力。

第一章 武术健身观探讨

(三)全民健身的意义

1. 提高劳动者的身体素质水平,预防伤病

全民健身活动的推广吸引了各行各业的劳动者。通过积极参与体育锻炼,劳动者改善了自身体质,由繁重工作造成的身体及精神疲劳得到缓解和消除,工作效率也得到了提高。体育锻炼还使劳动者的免疫力、身体抵抗力得到了提高,使劳动者中各种常见病和职业病的发生得到了有效的预防,疾病发生率降低。而且劳动者的身心健康有所保障后,国家、企业、家庭及个人的医疗负担自然也会有一定程度的减少。

2. 调节劳动者的身体机能状态,促进工作效率的提高

运动生理学有关理论指出,在一天的时间中,人的身体机能状态会发生变化,而且变化是有规律的。从一天的开始到结束,机能状态的变化经过三个阶段,分别是"工作入门期"→"高效稳定期"→"疲劳期"。为了提高劳动者的工作效率,企事业单位可从人体机能变化规律出发组织员工进行健身操、健身气功、太极拳等锻炼,这样劳动者在体力和脑力劳动中积累的身心疲劳都可以得到有效缓解或消除,人体机能状态可大大改善,使机体变化周期中,第一个和第三个阶段的时间减少,增加第二个阶段的时间。

3. 增进友谊,丰富生活

将全民健身活动推广到工作环境中,让更多的人参与到集体形式的锻炼活动中,这样,人们不仅可以利用锻炼身体的机会熟悉周边的人、事与环境,也可以与同事交流工作经验,增进了解,建立稳定的工作关系和友谊,从而促进企事业单位集体凝聚力的提升。

同时,参与体育锻炼还能培养积极健康的生活方式与生活习惯,能娱乐生活,丰富生活,给生活带来更多的乐趣,陶冶情操,享受生活。

(四)新时期下的全民健身

中华人民共和国成立后,我国为发展群众体育事业,颁布了一系列关于全民健身的法律法规,如《中华人民共和国体育法》《全国健身计划纲要》《国家体育锻炼标准施行办法》《学校体育工作条例》等,不同法律法规对全民健身事业的相关规定和提出的要求是从不同角度出发的。在已有法律法规的基础上,我国制定与实施《全民健身条例》,对影响我国全民健身发展的现实问题重点加以解决,将全民健身体系中政府和有关主体的责任进一步明确,对全民健身的法律地位进一步强调并加以巩固,促进全民健身法律体系的健全和完善,也使全民健身事业的发展有了坚实的保障。

新时期体育工作条例强调"开展全民健身活动,增强人民体质是体育工作的根本任务,是利国利民,功在当代,利在千秋的事业"[①]。我国为促进全民健身意识的增强和大众良好健身习惯的养成,还设立了"全民健身日"。在多方努力下,崇尚健身,乐于健身,追求健康生活的氛围在现代社会中逐渐形成,这也是党和政府高度重视全民健身事业和关怀全民健康的主要反映。

虽然我国的竞技体育近些年取得了令人骄傲的成绩,但我国离体育强国的目标还有一定的差距,而且不能完全靠发展竞技体育来向体育强国迈进,开展全民体育活动、提升国民体质等都是我国实现体育强国战略目标的基础与重要工作。目前来看,我国全民体育的发展不容乐观,体育人口率较低,与日本、芬兰等世界发达国家有很大的差距。而且我国国民体质健康也面临危机,青少年学生的体质下降问题最为突出,如力量、爆发力、速度、肺活量水平持续下降,肥胖、视力不良检测率不断提升。从体育设施

---

① 陈伟.武术在全民健身中的地位和作用[J].运动,2014(18).

建设方面来看,农村体育设施严重缺乏,即使是城市也没有达到广泛的普及。城市空间有限,所以体育场地不足,布局不够合理,而且存在显著的城乡差异,再加上体育指导员少,专业技术差等,都对我国全民健身事业的发展造成了严重的制约。

我国颁布相关法律主要是为了解决制约人民群众参与全民健身活动的问题,消除障碍,让更多的人真正参与到全民健身中,促进人民群众体质的增强。这也是落实科学发展观,实现体育强国战略目标,构建社会主义和谐社会的需要和重要任务。

二、推行全民健身的必要性

(一)中国国民健康现状调查

1. 我国国民脊柱健康情况

有关调查数据显示,我国年龄大于50岁的中老年群体中,97%都存在不同程度的脊柱疾病;而40岁左右的中年人群体中,也有40%存在这样或那样的脊柱问题。更严重的是,脊柱健康问题不仅存在于中老年群体中,青少年儿童也面临这样的困扰。现阶段,在我国儿童群体中,脊柱侧弯症的发病率达到约20%。

世界卫生组织的有关报告显示,每年全世界范围内有200多万的死亡与长坐不动有关;预计到2020年,因久坐不动、缺乏身体锻炼而造成的疾病将占全世界疾病总数的70%。

2. 我国国民肥胖症情况

调查数据显示,现在我国儿童的肥胖率已经达到了8.1%,成年人的肥胖率也达7.1%,而且超重率更大一些,达22.8%。预计,我国儿童与成人的肥胖患病率今后还会继续上升,且速度还会加快。

3.我国国民慢性病情况

现阶段,我国发病率较高的慢性病有高血压、高血脂、关节炎、糖尿病、冠心病、癌症、慢性支气管炎等,很多人都受一项或几项慢性病的困扰,生命受到威胁,生活质量也因此严重下降。

据最新统计数据显示,我国高血压患者的数量是一个惊人的数字,达 2 亿多,而且还有上升趋势。糖尿病患者的数量也是一个庞大的数字,超过 1 亿,而且患病群体有年轻化趋势,有一定比例的糖尿病患者是青少年。另外,我国的心血管疾病患者人数也在增加。

现在我国癌症的发病率和死亡率都不断上升,若不加以严格控制,按照这个速度,预计到 2020 年,我国癌症患者数量将达到 400 万人次,且约有 300 万人将死于癌症;到 2030 年癌症患者将达到 500 万,且大约会有 350 万人将死于癌症。这个数字让人不寒而栗。

4.我国国民传染病情况

就我国常见的传染病来看,艾滋病疫情现在一定程度上已经被控制,但依然存在与此相关的严重的健康问题和社会问题,预防和控制力度有待继续加强。

乙肝病也是我国比较常见的一大传染病,目前我国的乙肝病患者和乙肝病毒携带者加起来的人数已经超过 1 亿,每年约有 33 万人死于肝病。

5.我国国民心理精神问题情况

我国国民的健康问题不仅表现在身体生理方面,还体现在心理精神方面,而且心理精神健康问题的严重性堪比身体生理健康问题,甚至更严重。据有关部门的抽样调查结果显示,一定数量的人口中,存在不同程度的心理健康问题的人大约就有 20% 左右,心理疾病患者大约占 5%,每年自杀人群中有相当比例是因心理问题而走向自杀道路的。

我国城市居民存在的心理健康问题相对来说更严重,抽样调查结果显示,一定数量的城市居民中,大都存在不同程度的心理健康问题,仅有 15%～18% 的居民心理健康程度能够达到"好"的标准。

我国患有精神疾病或有心理健康问题的人群中,儿童和青少年、28～35 岁的青壮年以及城市弱势群体所占比例居多,可见这是高发群体,需要特别关注。

心理精神健康问题是我国居民健康生活的阻碍。当前我国在这方面的干预中只有一些比较有限的解决路径与方法,而且很多都是以身体健康干预为主,顺便解决心理健康问题,缺乏专门的心理健康教育和干预。这就导致群众心理健康问题得不到有效的解决,若长期不断恶化,必然会引起更严重的健康问题和社会问题。

6. 我国国民亚健康情况

(1)亚健康总体情况。

有关调查指出,我国各有 15% 的人处于基本健康状态和不健康状态,亚健康群体在全国人口中所占的比例高达 70%,人数超过 9 亿,集中分布在 35～45 岁这个年龄锻炼间。进一步调查发现,这些中年亚健康群体中,从事的工作以脑力劳动为主。

(2)中青年亚健康情况。

处于亚健康状态的中青年白领特别多。抽样调查我国一千多名公务员的体质健康情况后发现,或多或少都有亚健康症状的达 88.9%。进一步调查了解到,从社会层次来看,经济发达地区中处于社会精英阶层的中青年是亚健康的高发群体。

(3)大学生亚健康情况。

调查发现,多一半的大学生都存在不同程度的亚健康问题,体力弱、易疲劳、紧张焦虑、情绪波动大、视力差、失眠等是大学生亚健康群体的主要症状表现。普遍来说,营养摄入不合理、身体锻炼少、学习负担重、就业压力大等是造成大学生出现健康问题的主要原因。这些因素对大学生健康的影响因人而异,存在个体差异。

7.我国国民现代文明病情况

现代文明病常见的有心脑血管疾病、内分泌失调性疾病、风湿性关节炎、新生职业病及老年性疾病等,这些病症在我国人民群众中也普遍存在,对人们的生活与社会的发展同样造成了不同程度的影响与困扰,需加强干预与解决。

(二)威胁国民健康的因素分析

健康问题的产生可能是由多个因素造成的,经过整理与总结,可以将威胁国民健康的因素归纳为以下几点:

1.威胁因素一:环境

(1)影响国民健康的常见环境污染物。

环境对国民健康的影响主要由环境污染引起,要预防环境污染,保护健康,首先要了解有哪些常见的、易导致环境污染与造成健康问题的环境污染物,见表1-1。

常见的几类环境污染物主要来源于医院污染、生产性污染、生活性污染、电子污染、交通性污染,环境污染也因此而具有多样、复杂、长期的特性,所以对人体健康造成了严重的影响。

(2)环境污染对健康的危害表现。

人体健康会受到上述环境污染物的不同程度的影响,由于每个人的体质不同,免疫力不同,所以环境污染物损害健康的表现、反应、程度也会有一定的区别。但大体来看,环境污染物对健康的损害常见的不外乎表1-2中所列出的情况。

第一章 武术健身观探讨

表 1-1 环境污染物的几种类型

分类	具体因素
物理性污染物	粉尘
	噪声
	电磁辐射
	电离辐射等
化学性污染物	重金属
	农药
	有害气体 高分子化合物
	有机化合物与无机化合物等
生物性污染物	病原微生物
	寄生虫
	有害动植物等

表 1-2 环境污染对人体健康的危害表现

危害类型		具体损害
特异性危害	慢性危害	慢性职业性损害
		公害病
	急性中毒危害	急性烟雾事件
		光化学烟雾事件
		其他急性危害事件
	远期危害	致突变
		致畸（物理、化学及生物性因素容易致畸）
		致癌（致癌因素的类型与致畸相同）

续表

危害类型	具体损害
非特异性危害	因环境污染物的非特异性作用使有关功能减弱,从而间接影响所导致的损害,如高温环境增加了胃肠道疾病的发病率等
其他危害	传播疾病等

要预防与消除环境污染对人体健康的危害性影响,就要从保护环境做起,给居民提供健康优美的生活环境。保护环境需培养大众的环保思想,有关部门和企业也要将环境污染源控制到位。

2.威胁因素二:行为方式

(1)行为方式在常见死亡原因中的影响。

行为方式对人类健康的影响是很多科学研究都已经证明了的结论。国民的高发病率、高死亡率与不健康、不科学的行为方式存在很大的关系。为了进一步证明行为方式直接影响人类健康和寿命,有关学者对人类常见的13种死因进行了调查分析,见表1-3。

表1-3 死亡原因分类

死亡原因	占总死亡的比例	生物遗传因素	环境因素	行为方式因素	医疗服务因素
心脏病	34.0%	27	9	52	12
肿瘤	14.0%	29	24	37	10
脑血管病	13.4%	21	22	50	7
车祸	4.2%	1	18	69	12
流感肺炎	3.8%	39	20	23	18
外伤	3.8%	4	31	51	14
呼吸系统疾病	2.7%	23	24	40	13

第一章 武术健身观探讨

续表

死亡原因	占总死亡的比例	生物遗传因素	环境因素	行为方式因素	医疗服务因素
血液系统疾病	2.6%	25	8	49	18
凶杀	2.2%	5	30	65	0
产伤及新生儿疾病	1.9%	28	15	3	27
糖尿病	1.8%	68	0	26	6
自杀	1.4%	2	35	60	3
先天性畸形	0.8%	79	6	9	6

由上表可知，常见死亡原因中，都与行为方式因素存在不同程度的联系，可见行为方式因素对健康与寿命的影响何其之大。

（2）常见不良行为方式对人体健康的影响表现。

现在，高血压、心脏病、糖尿病、溃疡病等很多慢性病的产生都直接或间接与人类不科学、不健康的生活方式和行为习惯有关。行为健康是身心健康的基础，少了这个基础，身心健康也只是空谈。不良行为方式对健康的影响及影响程度详见表1-4。

表1-4 不良行为方式对人体健康的危害性影响

疾病	饮食不规律、营养不均衡	酗酒	抽烟	身体锻炼不足	精神高度紧张
营养失调	++	+	-	-	++
心脏病	++	+	++	++	++
中风	++	++	+	++	++
溃疡病	++	++	++	-	++
骨质疏松	++	+	+	++	-
糖尿病	++	++	+	++	++
肺癌	-	-	++	-	-
高血压	++	++	+	++	++

注：++高度损伤；+危险；-无直接关系。

3. 威胁因素三：医疗方式

正规的科学的医疗方式当然可以治病救人，但如果是不科学的、有差错的医疗方式就会变成夺人性命的"魔鬼"，而且还会带来数以亿计的医源性和药源性疾病，致使患者的自身健康能力下降甚至完全消失。而且大量现实也表明，很多慢性疾病因医疗方式的强力参与和无形破坏而出现了快速蔓延与严重化趋势。

下面主要从两方面探讨不当医疗方式对健康的危害。

（1）对抗医疗既治病，又致病。

对抗医疗指的是一些疾病本来通过"调和或生态方法"可以痊愈，但却采取了对抗性医疗措施来处理，结果是不但没有治好病，反而加重了病情，并引起了其他疾病，这从对抗性诊断、对抗性治疗两方面体现出来。[①] 对抗医疗既能救死扶伤，促进康复，又会引发疾病。"看病难、看病贵、看病烦"这一严重的社会问题与对抗医疗不无关系。

当前，因对抗医疗而造成的医疗危机不是局部地区或某一国家的问题，而成为一个全球问题，必须给予高度的关注。

（2）医疗差错（误诊误治等）带来的危害。

世界卫生组织统计数据显示，每年全球的死亡人数中，因医院诊治失误和错误用药而造成的死亡人数占44%。全球每年因大肆滥用药物而失去生命的人数也高达几百万。

我国每年的死亡人数中，因医疗事故而致命的亡者占有一定的比例，而且这种情况已经成为了普遍性的社会问题，引起了人们的恐慌，我国医患关系也因此而愈发紧张。

原国家卫生部统计指出，我国每年大约有8万人的死亡与滥用抗菌素有关，这可能是直接致命因素，也可能是间接致命因素，但总之是有关系的。

此外，很多外科手术在给术者带来痛苦的同时，也使术者面

[①] 黄开斌.健康中国：国民健康研究[M].北京：红旗出版社，2016.

临生命的威胁，造成术者恐慌，情绪不稳。西医手术治疗时会伴有缺损性损害。面对无法逆转的手术治疗，患者只能忍受痛苦或等待死亡。

有时候，可能某些患者的病情不需要手术，采用其他方式也能达到好的治疗效果，但医生在经济利益等的驱动下建议患者手术，巨额的手术费用对一个普通家庭来讲无疑是在疾病基础上的双重打击。据公开报道，每年我国的医源性残疾人新增400万，这是一个不可思议的数量。

总之，我们既要看到现代医疗卫生方式治病的一面，又要看到其致病的另一面，除了个人要提高寻医治病的正确观念外，还需要依靠有关部门来加强监管，惩治危害健康与社会安定的医疗问题，净化医疗风气。

4. 其他威胁因素

（1）年龄、性别及职业。

①年龄。

不管男女，随着年龄的增长，出现健康问题的可能性越大。相关调查显示，亚健康人群中60岁以上的占一半以上的比例。现在，我国随着人口预计寿命的延长已经进入老龄化社会，在中国总人口中老年人口约占20%。对老年人的健康给予关心和重视不但对老年人自身有利，而且对家庭和谐和社会发展也有利。在人口老龄化的当前，我们面临的主要任务是通过积极的措施促进老年人健康，保护老年人健康，并促进其生活质量的提高。

老年慢性病是当前各个国家面临的共同问题，也是摆在世界卫生组织面前的一个难题。随着老年人口在人口总数中比例的增加，糖尿病、心脑血管病、癌症等老年病的发生率有明显的上升趋势，虽然在这些疾病的防治中不断推广与应用高科技，但依然没有明显降低慢性病的发生率。人们越来越认识到了现代医学的局限性，所以必须将有计划、有针对性、系统的健康教育作为健康促进的重要出路。中青年时期不良的生活方式与习惯是造成许多老年性疾病的主要原因之一。现在中青年居民很多都处于亚健康状态,这就为步入老年后发生慢性非传染性疾病埋下了隐患。通常,中年人承受着家庭和社会的双重压力,对自身的健康往往不重视,所以应加强对中青年人群的健康指导,培养其保健意识,促进其健康行为习惯的养成。

②性别。

有关调查研究表明,女性处于亚健康状况的危险性比男性高,而且各个年龄段的女性都是如此,在亚健康和现代病方面,女性可以说是高危人群。当今社会,女性的社会地位与男性平等,接受教育的机会平等,几乎社会上的各个工作岗位都有女性的参与,加入社会竞争行列的女性承受的工作量并不少于男性,而且取得的工作成绩也不比男性差。但因为体质天生的差异,与男性相比而言,女性更容易出现亚健康问题。对此,全社会应多给予女性关爱,要加强对女性的健康指导,普及女性健康知识,促进女性健康意识和保健水平的提高。

③职业。

有关调查研究还表明,人的健康状况与人自身的文化程度有关。以亚健康的问题来说,处于亚健康状态的人中,高文化程度者所占的比例较少,低文化程度者出现亚健康问题的危险性更高。这主要是因为高文化程度者获取健康知识的途径多,而且相对来说理性思维能力高,且很多都保持健康的生活习惯等。

没有职业的人和有职业的人相比,出现亚健康问题的危险性和可能性更大。这主要是因为有职业的人在工作中受到良性刺激,通过自己的努力获得回报,成就感增强,心情舒畅,而且适当的压力对机体系统的生理反应有积极的调动作用,从而有助于亚健康发生率的减少,有助于预防疾病。

鉴于健康与年龄、性别及职业的关系,在健康教育中应以大众的年龄、性别、文化背景为依据将其分成不同对象人群,从而有针对性地开展健康教育活动。

（2）心理及社会适应状况。

随着科技的发展与社会的进步，现代人所处的时代和社会环境充满激烈的竞争。人们面临繁忙的工作和紧张的生活而承受着巨大的心理压力，因心理问题而造成的慢性病、社会病、身心疾病等的发生率也有明显的上升趋势。随着心理学、社会学研究的不断深入和研究成果的增加，人们越来越意识到由营养不良或感染等因素引起的生理功能障碍和受社会文化制约的心理活动等都会影响人的健康，引发疾病。人的心理健康状况基本没有明显的性别差异，但有年龄差异，相较于青年人，中年人、老年人的健康状况更差一些，这表明在快速的生活节奏下，中老年人因激烈的社会竞争、沉重的家庭负担以及尚不健全的社会保障制度而承受着严重的心理和精神压力。因此，针对中老年人开展心理健康教育工作至关重要。

现代人们已经充分认识到疾病与社会、生物和心理等方面的原因都有关系，而且在心理健康方面给予了高度的重视。心理因素是以情绪为中介而对器官系统的健康产生影响的。积极的情绪会积极影响生命活动，消极的情绪有害身心健康，引起心理失衡，心理失衡达到强烈的程度，并持续很长时间，容易引起生理功能和心理功能病变，各种身心疾病就会由此而产生。重视心理健康也可对亚健康状态进行有效的预防。近年来，各种各样的心理问题严重困扰着人们的生活，有关部门已经开始关注这个问题，并不断加强社区心理健康教育，以此来对心理疾病进行控制，促进人们心理健康。

健康不仅包括身体健康、心理健康，还包括社会适应健康。人的社会适应性会影响自身的健康情况。一般来说，中年人的社会适应性较好，老年人较差。社会适应能力主要从个人应对和社会支持两方面体现出来。当一个人认为自己与环境的相互作用可能会对自己不利时，他为处理这个问题而采取的努力（包括认知努力和行为努力）就是个人应对。个体从周围的社会关系中获得的物质与精神上的支持就是社会支持。应对有积极应对和消极应对之分,前者对个体自我价值的实现非常有帮助,后者可能会导致一些适应性神经症状的出现。在同等压力下,不同的人有不同的表现,有的人能从容应对,积极适应,从而得到越来越多的社会帮助与支持;有的人则无所适从,消极应付,出现了健康问题。

面对生活与工作中的困难,如果可以乐观积极地应对,看到困难背后隐藏的希望,就容易跨过这道坎,继续新的生活;而如果一味逃避,不能调整自己,便可能造成一些危害健康的因素的出现。社会适应能力越强,就越容易获得促进健康的积极因素,而社会适应能力越差,得到的就是危害健康的消极因素。鉴于心理、社会适应性等因素对健康的重要影响,我们在面对竞争、困难、角色转换冲突以及打击时,要以平静乐观、积极豁达、思进取的心态来应对,不断调整自己,从而保持身心、情感、行为等全面的健康。

(3)睡眠状况。

睡眠时间与身体健康状况有密切的关系,睡眠时间充足是身体健康的积极性因素。调查发现,平均每天睡眠时间大于6小时的人健康状况要比睡眠时间不足6小时的人好。

睡眠是正常生理现象和生理需求,只有睡眠充足,睡眠质量高,高效率的劳动才能得到保证,体力和健康才能更好地得到维持。睡眠不足、睡眠质量差会引发一系列健康问题。流行病学相关研究显示:从睡眠时间与死亡率的关系来看,每天晚上睡眠时间达到7~8小时之间的人死亡率最低,过短或过长的睡眠时间都不利于健康,死亡率比前者要高。此外,人体的免疫功能在充足睡眠的条件下才能维持正常。不管哪个年龄段的人,或多或少都存在睡眠时间不足的现象,这需要引起注意。调查显示,我国遭受失眠困扰的成年人超过38.5%。我们必须重视睡眠问题,从这方面着手来提高现代人的健康水平。

第一章　武术健身观探讨

(三)国民健康危机的解决策略

1. 普及健康知识，提高公民对健康改善的认识

(1)在全国范围内普及健康知识。

公民的健康素养水平直接影响其健康状况，只有健康观念正确，健康水平才能真正得到提升。社会环境在很大程度上影响公民的健康观念，近些年我国出现了很多健康方面的不当传言，如吃绿豆可养生、吃碘盐可预防辐射等。这虽然反映了现代人对自身健康比较重视，但我们也发现了现代人对健康问题的关注有偏差，缺乏正确引导，所以形成了对健康的错误认知。现在，电视、网络上的健康节目和新闻有很多，电视台聘请所谓的健康专家、大师来传播健康知识，解答人们这方面的困惑，类似的新闻在网络朋友圈也经常被转载，但有些有科学依据，有些则是不当传言，这有待专业的医生、专家来判定。现在，日益增长的健康需求与较弱的健康供给能力的矛盾是现代人面临的普遍性问题。对此，政府必须大力普及正确的健康观和健康知识。公众宣传部门要负起这个主要责任，全社会也要积极参与宣传，扩大宣传渠道，发挥卫生部门、教育部门、食品及药品监管部门等各部门的作用。此外还要扩大宣传的领域，渗透到衣食住行、科教文卫等与人们生活密切关系的各个方面，从而使人们可以时刻关注着自己的健康和社会的健康。

(2)突出健康的公共产品属性。

一个国家的基本公共卫生服务水平一定程度上从本国公民的健康状况中就能体现。每个国家都应该有一个权威部门来引导公民健康发展，政府部门中相关权威机构将医疗卫生及健康方面的知识作为公共产品传播给公众，使健康知识的供给质量和效率提升。作为一项特殊的公共产品，健康普及能够使每个人都同等接受健康相关知识，如健康促进知识、疾病预防知识、医疗救治知识等。人们只有保持身心健康，才能更好地建设社会和国家。

这样来看,健康普及可为社会创造可观的成果,不仅仅是经济利益,还包括整个社会精神面貌的改善等。

长期以来,对于健康普及的公共产品属性,我国在国家层面上还缺乏充分的认识。这就导致在公共卫生领域中健康普及的根基不稳,缺乏充足经费、相关配套设施、专业队伍以及相应管理机制,从而使公众健康需求无法得到满足,导致公众只能自己依靠有限的渠道解决这个问题。

现在,实现基本公共卫生服务均等化是我国正在努力的一个目标和方向。我国不仅要促进医疗保健基础设施的完善,还要提高健康普及能力,设立权威机构,组建专业队伍,进行专业培训,从而构建长久的、对提高大众整体健康素养积极有利的健康体系,并采用多渠道向多领域开展健康普及工作,提高居民对健康和健康获得途径的正确认识,避免不科学信息对大众的误导。

2.改变不良生活方式,提高健康素质

(1)摒弃不健康的生活方式和生活习惯。

对于每个人来说,不健康的生活方式和生活习惯都是健康的危险因素,也可以说是健康的杀手。随着人们物质生活水平的提高,很多人为图一时痛快而忽视了健康。例如,饮食上暴饮暴食,大量摄入高盐、高糖、高脂食物;缺乏锻炼身体的意识;晚上通宵熬夜等。这些都是造成现阶段我国慢性病发病率高的主要原因。因此,我们应将不良的生活方式、习惯及时改掉,合理饮食,适当锻炼,按时睡觉,从而促进全新、健康的自我发展。这既是为了我们自己的健康,也是对国家和社会稳定发展所负责的表现。

(2)针对不同人群进行健康教育。

每个年龄段的人都面临着不同的健康问题,从不同年龄群体的实际情况出发提出健康促进建议会更有针对性和实效性。

①儿童、青少年群体。

儿童、青少年群体当前的身体情况在很大程度上对其未来的身体健康状况是有决定性影响的,因此必须及早做好青少年儿童的健康教育和健康管理工作,为其未来人生阶段的健康打好基础。

②中年人群体。

中年人的生活、工作压力普遍都很大,在快节奏的社会环境中形成了一些不健康的生活方式和习惯,针对他们的不良生活方式加强健康管理,对其健康是有帮助的。

③老年人群体。

老年人机体在快速老化,疾病发生率高,生活质量受到严重影响,因此要做好预防工作,而且要引导老年人正确认识疾病,保持乐观的心态,有病治病,不能回避或拖延。

3. 加强医疗保健服务,早发现、早治疗

(1)将预防和治疗慢性病作为重点任务。

现阶段,我国处于慢性病高发率时期,而且慢性病造成的死亡率很高,这引起了大众的恐慌,因此必须将这一现象作为重点问题来专门解决。我国新发布的《中国防治慢性病的中长期规划》是专门部署未来我国防治慢性病工作的指导性文件。文件指出,慢性病防治工作的开展要积极贯彻"健康中国2030"中预防为主、分类指导、共建共享等原则,要求全社会共同努力,将各方资源统筹起来,从不同地区、人群的实际情况出发有针对性地开展预防、检查、治疗、康复等工作,提供一体化服务。

为更好地防治慢性病,国家积极发展医疗卫生事业,扶持健康服务产业,并鼓励社会力量办健康相关企业。此外,在各地医疗保健服务工作的开展中,政府鼓励保险机构、慈善组织、互联网企业、行业协会等积极参与其中,从而让民众更加信任医疗卫生服务,更满意医疗服务。解决居民的医疗难题,满足居民医疗保障需求,这对于推进区域预防保健工作非常有利。

在慢性病防治工作中,各部门都要履行好自己的职责,要有明确的分工。例如,社会保险部门要加强对医疗保障和救助体系的健全与完善,并不断促进各级别医疗机构保险差异化支付政策的落实,正确引导大众利用基层医疗卫生机构来实时监测自身健康情况。

再如,医疗与防预机构要做好定期核查工作,严格监测和实时记录区域慢性病发生情况,确定主要慢性病情况,要特别监控高危人群,争取早期发现慢性病,及早实施救治,并针对不同区域的常见健康问题提出针对性治理策略,从而更加细致地开展防治慢性病的工作,提高防治效果。

(2)提升各类人群的健康自评能力。

在居民健康测量中,健康自评是最常用的一种方法,居民通过健康自我测评能够对自身的健康情况有清楚的了解。为提升大众的健康自评能力,鼓励健康自评,应为大众提供测评的场地和平台,如针对慢性病高发群体,可提供"健康交流会""老友会"等平台,让他们做好日常保健工作,促进身体健康,尤其是可以使老年人不再因为年龄而对健康产生消极情绪,使其晚年生活更丰富。

上班族人群很多都处于"亚健康"状态,针对这一群体,可在写字楼聚集区建设小型公园,或对周边户外健身空间进行拓展,鼓励上班族参加运动赛事,利用网络资源开展"公益捐""行走捐"等爱心奉献形式,将全民健身的热情调动起来,这样运动也就有了更丰富的意义。

大中小学生学习、就业压力比较大,长期伏案学习容易引起健康问题。对此,学校要担负起培养学生健康意识的责任,积极举办健康讲座、组织课外活动来提高学生的健康认知水平,并对住校生提供合理营养的膳食,全方位保护学生健康。

4.从"大健康"的长远目标入手,发展我国健康产业

(1)树立"大健康"的长远目标。

《健康中国2030规划纲要》中提出的"大健康"理念为发展卫生与健康事业指明了方向。要实现"大健康",必须将以下几组矛

盾解决好：

①政府投入力度弱与医疗卫生事业加快发展的矛盾。

②民众健康保健需求日益增长与社会基层医疗服务体系不健全的矛盾。

③民众健康保障需求多元化与医疗卫生服务形式单一的矛盾。

④卫生人才培养和科技能力发展与卫生保健服务能力的矛盾。

发展健康事业，必须做好每个环节、每个步骤的工作，加强对各个环节的审视，如投入、建设、供给、需求、培养、完善等环节。具体来说，对投入方面的财政资金投入是否落实要进行审视；对供给方面的资源分配是否合理要进行审视；对培养环节是否使医疗卫生服务环境得到优化进行审视等。在这个过程中，要树立"大健康"的发展目标，从"以医疗为中心"向"以健康为中心"过渡，坚定健康发展目标与道路，争取实现全民健康大发展，从而为我国步入体育强国打下坚实的基础。

(2)大力发展健康产业。

健康产业自21世纪以来就逐渐成为全球经济发展的新增长点，西方国家在21世纪初就大力发展健康产业，并取得了骄人的成绩。我国在进入经济转型期后面临该如何发展国家经济的问题与抉择，到底什么才是人民群众最需要的，这引起了国家及政府的思考。

2015年调查数据显示，我国60岁以上的老年人口数量已大于两亿，预计到2050年将增加到3.32亿。老年人群数量庞大，健康需求极高，在这一情况下发展健康产业是我国经济进入新常态的一个正确选择。发展健康产业可以为国家经济发展提供不竭的动力。加拿大、美国、日本等健康产业发展得较好的国家就是如此，他们通过发展健康产业，创造了社会财富，提高了国民生产总值，也使国民的生活水平得到了提高。因此，目前我国鼓励与扶持健康产业的发展非常可行，而且必要。此外，而要想使健康产业真正发展好,还要将准入资格把控好,避免市场上出现假冒伪劣产品、违禁品,造成市场秩序混乱。只有全民共同努力,齐心协力向全民健康目标迈进,才能做大、做好、做强全民健康事业。

5.计划行为理论下加强健康自我管理

(1)充分发挥主观能动性,锻炼自我管理能力。

自我管理指的是让人们自己对健康知识与管理技能进行学习和掌握,从而促进自身健康。有关研究指出,行为在很大程度上受主观规范的影响,增强主观规范可形成良好的行为方式与习惯。让工作人员认识到健康对工作效率的重要性,通过观察和管理促进工作人员良好行为方式的形成。如果管理对象太多,可积极与专业健康管理机构展开合作,寻求专业帮助,加强健康教育培训,促进工作人员的健康,进而提高公司效益。

居民在听从维度上倾向于家人、朋友的支持,所以要积极构建支持网络,将朋友、家人、领导、同事以及健康专家、医务人员的作用充分发挥出来,监督居民不良的生活方式,培养与提高居民的自我管理意识与能力。

(2)积极转化行为意向,分门别类地制定针对性强的干预方案。

自我管理行为较为复杂,在还没有完全形成该行为前,可先从激发行为意向着手,一旦有了行为意向,行为方式便会顺其自然地形成。行为意向包括三种情况,分别是无意向、不确定和有意向,针对不同情况实施不同的干预方案会取得更好的效果。

①无意向人群。

通过活动激发无意向人群的兴趣,使其改变原来的态度,并对健康自我管理的必要性、重要性有深入的认识。

②不确定意向人群。

这类人群是重点干预对象,使其对自我管理行为的好处有深入的感知,并鼓励其发挥主观能动性,促进其实现自我管理行为的信心判断力的增强。

③有意向人群。

自我管理使有意向人群继续保持意向,并强化行为意向,使其将自我管理行为习惯坚持下去。

另外,不同居民的自我管理行为能力也有一定的差异性,所以要有针对性地进行健康教育,因人而异,对不同人群实施不同干预措施。对低学历、青少年、年轻独住人群等健康自我管理行为能力较差的群体,要特别重视健康教育与健康指导,将其健康自我管理的意识和动力激发出来,让他们对自己的健康负责。对自我管理行为能力较强的群体,可加强其他方面的行为管理,促进其全面发展。

(3)不断强化自我效能,增强行为执行力度。

我们不但要从思想上认识到健康管理是重要的,还要采取实质行动,抱着坚定的信心去完成目标,否则就不会取得预期的健康自我管理效果。在个体行为的自我调节系统中,自我效能发挥着非常重要的作用,而且对人们的思维、动机与行为有直接的影响,自我效能越高,行为向高阶段发展的可能性就越大。因此,转变行为并向高层次发展可从强化个体自我效能入手。

自我效能对自我管理行为还具有预测功能,自我效能不仅对个体对活动的选择有重要影响,还对个体在行为改变过程中的努力程度、坚韧程度、处理问题的思维方式、心理变化等有影响。自我效能与行为意向之间的关系呈正相关,如果可以培养个体的自信心,使其有信心对行为改变中出现的困难和障碍克服掉,对其行为变化过程中的各个环节严格督促,使其保持既定的持续时间,并获得良好的行为体验,那么其进行自我管理的意向就会形成,而且越来越强烈。所以,提高居民的自信心,让其对执行健康自我管理行为充满自信,并坚持下去,便能使其形成良好的自我健康行为管理习惯。

(4)大力强化社会支持,创造良好的健康环境。

在强化社会支持方面,对于朋友、家人之间的健康行为监督要积极鼓励;对周围人自我健康自我管理的行为要大力支持,组织多种形式的社会活动,使居民积极参与,从而提高社会支持力度;对老年人的健康自我管理要给予特别关注,让老年人对自身的健康状况有正确的认识,实现健康老龄化。

居民的健康自我管理行为应获得政府部门,尤其是医疗卫生服务部门的支持。独住居民、老年人、以及患病者是需要特别关注和关心的群体,要使其学会将社会支持系统利用起来促进自身健康。家人、朋友、社会机构都要给予支持。在具体行为措施上,可从以下几方面着手:

首先,注重健康管理中相关软硬件设施的配置,让居民能够在基础条件具备的基础上开展健康自我管理。

其次,组织形式多样、内容丰富的健康服务活动,促进良好行为规范的形成,引导居民在参与活动时进行自我健康管理。

最后,共同创建全民健康的社会舆论氛围与环境,激发居民更加重视健康,鼓励居民通过多种方式进行健康管理。

(5)鼓励多方主体参与,共同促进健康管理。

要使自我管理行为持续维持下去,需要多主体的共同努力,如个人、社区、组织等主体的努力。

从社区主体来看,社区卫生服务中心可从本社区居民的健康状况入手,对适宜的健康自我管理指导方案进行策划,然后以小组或家庭为单位有针对性地组织各种健康活动,使居民对社区卫生资源有一定的了解,并积极参与社区活动,最大程度地发挥社区资源的作用。实践证明,"以自我管理为主,家庭、社区、社会支持为辅"的健康促进模式确实取得了良好的效果。可见,发挥家庭、社区以及更多方面的力量是非常有意义的,该模式使社区居民的健康状况及生活幸福指数都得到了提高。

居民缺乏健康自我管理意向与行为习惯主要是因为意识不足、工作繁忙、缺乏毅力、家庭负担重等。对此,应让居民将自己的时间有效利用起来,通过各种形式的健康教育鼓励和引导居民进行健康自我管理,使其有规律地参加与健康相关的各类活动,从而养成良好的健康的生活习惯。这对于预防疾病与改善居民亚健康状态具有非常重要的意义。

(四)体育运动与健康促进理念

1. 体育锻炼与健康促进的关系

一般来说,经常参加体育锻炼的人身体健康水平要比不经常参加体育锻炼的人高,而且也不易发生疾病。生命在于运动,适量的脑力活动和体力活动可预防和缓解疲劳,促进身心健康。体育锻炼在维护人体健康方面具有非常重要的意义。有关调查研究指出,人经常参与体育运动,会获得自我认知的健康,而且健康水平要高于他人。最新国际上对体育锻炼的相关研究进一步指出:体育运动锻炼的运动量(非竞技体育运动的训练量)与死亡率高低之间具有一种反向因果关系。中医也指出,体育运动锻炼是强身炼心的重要保健方法。体育运动锻炼不足者会出现危害健康的问题,如肥胖、骨质疏松、心血管疾病等。因此,体育锻炼对健康的重要意义与营养饮食对健康的意义是同等的。体育锻炼要讲求适度,还要坚持不懈,从思想上摆正对体育锻炼的态度,将其作为自己每天的必修课,使其真正成为自己生活中的一部分。

近些年,我国政府号召全民健身,并采取一系列措施积极推动这项事业的发展,如在健身场地设施建设方面加大投入,制定法律来提供保障,倡导全民健身迎奥运等,目的就是促进全民健康,提高国民的健康体质和生活质量。全民健康也是国家繁荣昌盛的基础,是我国经济发展的前提,因此鼓励大众参与体育锻炼,提高全民健康水平,这对国家的经济建设、繁荣富强具有非常重要的意义。

2. 人生不同阶段的运动健康促进

人的一生中,大致可以分为三个阶段,分别是准备阶段、保护阶段和延缓衰老阶段。在不同的人生发展阶段,人会有不同的健康需求,所以要采用不同的健康促进策略来满足各个阶段的健康需求,促进人的健康,从而达到终身健康。

(1)人生准备阶段的运动健康促进。

人生准备阶段指的是儿童、青少年时期。儿童期是6～12岁,青春发育期是10—20岁。这是人生长、发育和慢慢走向成熟的人生阶段,这一阶段人的健康既与遗传有关,又与外界环境有关。

①健康需要。对处于生长发育关键时期的儿童、青少年来说,他们正在经历一个长期连续的生长发育过程,这个过程是从量变到质变的,表现出阶段性、连续性和速度不均匀性的成长特征和规律。儿童、青少年是在先天因素和周围环境因素的相互作用中实现生长发育的。

在人生准备阶段的成长中,发育速度快,而且变化多端,有强烈的健康需要。在这一时期,人的认知经历了被动→主动→自主这样一个发展过程,也逐步形成了自我健康意识,同时这一时期也是儿童、青少年建立各种行为的关键时期。

总的来说,这一时期人的健康需要主要是生存健康需要,主要应促进体质发育,并通过教育,使儿童、青少年养成积极向上、文明健康的行为习惯,从而为其今后的健康发展和良好生活方式的形成奠定基础。

②健康促进目标。人生准备阶段的健康促进目标主要有以下几点:

A. 促进全面发展,包括身心、智力、行为。

B. 以不同年龄段孩子的认知特点为依据施以适当的、有益的刺激,将不良刺激因素消除,促进儿童、青少年正确自我健康意识的形成。

C. 树立行为榜样和模范,培养儿童、青少年的健康行为方式和习惯。

③儿童、青少年体育与健康的发展策略。提高儿童、青少年的体质健康水平具有重要意义,儿童、青少年体质健康已经得到

了政府、教育界、体育界人士的高度重视。

对处于生长发育关键期的儿童、青少年来说,体育与健康教育是促进其健康的主要措施,具体对策如下:

①统一学校体育的指导思想。学校体育的指导思想要以"促进学生的全面发展"为中心,以"增强学生体质"为主要方向,通过学校体育与健康教育,使学生掌握基本运动知识、运动技能,从而使其将所学知识与技能运用到身体锻炼中,增强学生体质,培养学生的优良品格。

在学校健康教育中,要重视对学生健康意识的引导,培养其正确的健康意识和健康行为方式习惯,使健康危害因素所造成的不良影响减弱甚至完全消除;提高学生的自我保健能力,防治学生常见疾病,从而使个体与群体健康水平得到改善和维护,进而促进人的生命质量和综合素质的提升。

此外,在学校体育与健康教育中,还应重视发挥体育在促进个体社会化方面的作用,从而促进学生心理健康水平和社会适应能力的提高。现在,很多青少年学生都是独生子女,生活条件优厚,家长溺爱,所以普遍具有孤傲、情绪易波动、意志薄弱等不健康的个性和心理问题。这就造成了青少年学生心理障碍发生率高、人格发展存在缺陷、缺乏一定的社会适应能力等问题。而发挥体育的社会化促进功能,可有效避免这些问题的出现。

②加强学校体育教学改革。现在,学校体育课程改革正在全国范围内如火如荼地实施着,"健康第一"指导思想的提出是学校体育发展的重大变革,是具有历史意义的。这与体育课程目标、体育课程形式和体育课程内容的变革不同,是更深层次上整个教育理念的转变,各地在这一指导思想的统一指引下对体育健康教育计划进行制定与实施,可大大改善学生的体质健康现状。

③大力发展青少年体育俱乐部。在青少年体育与健康发展策略的实施中,建立青少年体育俱乐部是一项重大举措。俱乐部与学校体育课程形成合力,共同促进学生健康成长。早在21世纪初,国家体育总局就下发了《关于进行青少年体育俱乐部试点

工作的通知》，并以此来响应全民健身。俱乐部健康教育形式突破了学校的界限，动员了社会力量在青少年体质健康促进中的积极参与，使青少年拥有更多的机会来参与体育锻炼。青少年体育俱乐部的发展渠道主要有两种类型，一种是学校、体育部门（或社会团体）组织实施的公益型俱乐部，另一种是按体育产业运营模式而实施的经营型俱乐部。不管是哪种类型的俱乐部，都为青少年的体育竞技、健身、学习和娱乐等提供了良好的平台与机会。

（2）人生保护阶段的运动健康促进。

人生保护阶段指的是人从成年开始到老年之前，主要是中年群体，年龄在35～60岁之间。

①健康需要。

中年人的内在器官和系统已在慢慢出现衰退性变化，常见表现有骨质疏松、记忆力下降、脂肪累积、关节肌肉张力减弱、血脂和胆固醇增高、血管弹性下降等。衰老现象越来越明显，而且速度越来越快主要是从45～50岁开始，从不参与体育锻炼的人从此开始总体机能水平的递减速度是每年1.5%。

一般在中青年时期就开始出现冠心病、高血压、糖尿病、中风等一些老年时期的慢性病。因为刚出现时显露得不充分，所以不容易注意到，自然也不会有过多的关注和重视。等人们发现时，自身健康和生命质量已经受到了非常严重的影响。所以，"中年保健是老年保健的基础"这句话已经得到了国内外医学专家的一致认可。中年保健也是保护生命的重要环节。

处于人生巅峰时期的中年人有很多是社会栋梁，他们为创造社会财富做出了巨大的贡献。同时，中年人又要承担养家的责任，工作、家庭及社会压力非常大，身心长期处于紧张刺激状态，很容易积劳成疾，危害健康和生命。

中年人的健康需求是巨大的，因此应加大对中年健康知识的普及力度，让中年人认识到运动锻炼对自身健康的重要意义和参与运动锻炼的紧迫性。

②健康促进目标。

人生保护阶段的健康促进目标主要有以下几点：

A.宣传健康信息，培养与提高中年人的自我保健意识，预防老年病。

B.戒除不健康的行为习惯，如吸烟、酗酒、吸毒等，尽早建立促进健康行为，如运动锻炼、合理饮食。

C.顺利渡过更年期，灵活应对工作、家庭和社会的环境变化，正确面对各方面的压力。

③体育健康促进原则。

A.树立运动健康的保健意识。

B.自觉积极地坚持体育锻炼。

C.促进社区体育健康促进和家庭体育健康促进条件、措施的不断完善。

D.形成积极健康的运动健身行为习惯。

④体育运动健身的注意事项。

A.健身项目。中年人应从自身的需要和客观实际情况出发选择适宜的健身项目来参与锻炼，适宜的体育锻炼项目主要有散步、跑步、上下楼梯、游泳、骑自行车、健身舞蹈、广播操、小球运动、太极拳（剑）、郊外远足等。

B.锻炼内容因人而异。中年人需要全身各个肌肉群都参与活动，才能得到充分的锻炼，健康水平也才能明显提升，因此要尽可能选择满足这一条件的锻炼内容。如果所选的锻炼项目以下肢运动为主，如跳绳、跑步等，则要注意加入一些主要活动上肢和躯干的锻炼内容，中年人要特别注意锻炼腹部肌肉群。

C.运动强度适宜。科学健身观提出运动强度以本人最大摄氧量的50%～70%或最大心率的70%～85%为宜，因此不同年龄段的人是有区别的。若以心率为衡量标准，一般30～39岁要达到140～150次/分钟；40～49岁要达到123～146次/分钟；50～59岁要达到118～139次/分钟。健康中年人（35～60岁）运动强度最低130次/分钟，最高160次/分钟，以介于二者之间为宜。

D. 循序渐进。采取渐进的方式进行体育锻炼是比较科学的，渐进是指每周、每次运动强度、运动时间的渐渐增加，增加幅度不能过快，一般不超过上一周或上一次的10%。

E. 锻炼时间合理。每周锻炼3～5次、每次锻炼30～60分钟是比较合理的时间安排。晨练时间以半小时左右为宜，合理安排不同锻炼内容的顺序与各自所用的时间，如先做5～10分钟的体操运动，再进行12分钟的慢跑，最后做5～10分钟的低运动强度的练习，如太极拳。

(3) 晚年延缓衰老阶段的运动健康促进。

①健康需要与健康促进目标。

我国跨入老龄化社会后，老龄人口数量庞大、社会背景各异，他们的健康需求非常强烈。

在晚年延缓衰老阶段，健康促进的主要目的是消除消极因素，创造积极因素，实现延年益寿、提高生活质量的目标。具体包括以下几点目标：

A. 全社会对老年人给予关心和帮助，创造良好的条件帮助老年人适应、融入不断变化的社会环境。

B. 提高保健服务的质量，预防常见老年病，及时发现与治疗，促进身体康复。

C. 从营养、学习、日常生活、运动锻炼、休闲娱乐等方面向不同身体健康状况的老年人提供再教育，促进其生活质量的全面提升。

D. 促进老年心理调适机制的完善，帮助老年人重建良好的健康行为习惯。

②老年人体育锻炼的要点。

老年人身体机能的退行性变化趋势明显，身体器官、系统机能水平不断下降。所以老年人必须科学谨慎地参加体育锻炼，具体注意以下几点：

A. 个别对待。老年人从自己的年龄、健康状况及运动基础等方面出发来选择适合自己的运动项目，要有合理的、可行的、操作性强的锻炼计划。老年人选择的锻炼内容应是能够活动身体各个部位的,动作是比较缓慢柔和的。散步、跑步、太极拳、有氧健身操、游泳、骑自行车、爬山、广场舞等都适合老年人参加;那些需要肌肉紧张用力、刺激性太强的运动则不适合老年人参加。

老年人在体育锻炼中,不要做太复杂的动作,身体位置变化少,大幅度低头、弯腰的动作都要适当避免。不同的老年人之间存在个体差异,所以在进行锻炼时要根据个人的具体情况决定运动量。运动心率低于105次/分钟和高于200次/分钟的情况都会遇到,测定老年人的最高心率对于把握运动量和运动强度是有帮助的。

B.循序渐进。锻炼初期安排较小的运动负荷和运动强度,随锻炼能力和适应能力的提高而增加运动量。一般来说,最高心率的60%对老年人来说是最适宜的运动强度。随着年龄的增大,最高心率会减少,所以运动强度也会降低。有专家提出,老年人慢跑时的适宜心率是"180－年龄或安静时心率＋50%～60%"。如果步行锻炼,每小时2.5千米,以后步数和速度逐渐增加,每分钟最多可走120～140步;若每小时行进路程5.6～6千米,可在最高步速的基础上慢跑,或者走跑交替锻炼。开始时不宜跑太长的距离,也要控制跑速,适应后运动负荷、锻炼时间可适当增加。

C.坚持不懈。老年人的心血管系统功能在不断下降,适应力越来越差,剧烈的运动容易引发心血管疾病。只有长期坚持运动锻炼,才能改善心血管功能。

日本学者经过实验研究指出,每周步行锻炼3次,15周后最大摄氧量增加12%,运动中止半年,最大摄氧量则下降7%。可见坚持锻炼至关重要。

D.自我监督。老年人在锻炼中要注意做好自我监督,观察自我感觉,这样能判断运动负荷是否合理,可及时发现问题,避免过度疲劳,并适当调整运动负荷,以取得更好的锻炼效果。

三、武术在全民健身中的地位

(一)武术是一项独具特色的民族健身术

在中华民族丰富多彩的健身内容与方式中,武术绝对可以称得上是一枝"奇葩",这是中华民族所特有的,从其产生之初到现在已经积累了庞大的人脉,吸引了无数的爱好者。

武术在强身健体、强民卫国、防身自卫等方面都具有不可小觑的作用。近年来,我国各地频繁开展群众性武术类活动,参与这些活动的人体质明显提升,业余生活也更加丰富,这足以证明武术的作用与价值。国家前体委主任伍绍祖曾指出:"武术不能简单地看成是一个单一的体育项目,武术是更高层次上的体育项目,武术是中华民族的瑰宝,对防身、健身极有好处,它几乎占城乡经常从事体育活动人数的一半。"[①]当前,习武热和习武风气在社会大众中逐渐形成,不管是专业武校的青少年儿童,还是武术馆的健身人群,数量都有增加的趋势,这样的成绩与各种形式的武术馆、辅导站、教拳点等在全国各地的建立是分不开的。

(二)服务全民健身,依靠中国传统武术

当前,关于中华传统武术的弘扬与传承,政府部门和社会各界给予了高度的关注,这能够促进传统武术更好地服务于全民健身,为社会经济发展而助力。大众武术内容丰富,形式多样,动作灵活,适应性极广,且受客观条件限制小,给大众参与带来了便利。传统武术在内容与形式上都具有浓郁的文化气息,竞技武术也表现出了"高、难、美"的观赏性,武术正以其独特的魅力造福民众,赢得了广大群众的普遍欢迎与热爱。

---

① 陈伟.武术在全民健身中的地位和作用[J].运动,2014(18).

四、武术在全民健身中的优势

一直以来,武术作为一种有效的健身方式得到了大众的喜爱。全民健身中,武术运动的群众基础极其广泛,各族人民对此都给予高度的认可,并积极参与其中。投资少、普及广、锻炼全面、健身效果显著等都是武术受人欢迎的原因,这也是武术的主要优势所在。下面具体分析武术在全民健身中的优势。

(一)武术思想基础深厚,便于人们接受

作为中华民族的传统文化瑰宝,武术自古以来就颇受重视。产生于人们生产劳动中的武术非常"接地气",与大众形成了密切的关系。武术在我国具有深厚的群众基础。

(二)武术内容繁多,形式多样,能适应各种健身需要

武术内容项目之多是其他体育项目无法比拟的,如百余种拳术,几十种器械等。不同的器械、拳种又有不同的技术要求,形成了不同的风格特征。其中,可用来锻炼身体且健身功能显著的武术项目非常多。如刚健、勇猛的年轻人可通过参与南拳、长拳等武术锻炼达到增强体质、提升格斗技能的目的;太极拳、太极扇等运动负荷较小的项目更适合老年人;武术基本功适合儿童,可锻炼其柔韧性和协调性。在武术器械锻炼项目中,有更大的选择空间,如刀、枪、棍、剑、扇等都有健身价值,人们从自身需要、爱好兴趣出发选择适宜的项目,适时适地锻炼,可取得显著的效果。而且武术运动方法相对较为简单,容易入门,也吸引了很多人。

(三)武术动作简单易学,符合大众需要,便于开展

武术中很多动作都是从人类早期与自然界的斗争技能方法中演化而来的,所以说武术中许多动作都与走、跑、跳等人的自然

本能动作无异,只要耐心坚持,很容易掌握。武术运动中有很多便于以集体形式开展的项目,即使没有专业指导,有经验的人也可以带动其他人跟着练,所以说便于开展。

(四)武术锻炼不受场地器材影响,适于广泛开展

体育运动的发展与基本的场地、器材等硬件设施是分不开的,很多体育项目因不具备这个条件而得不到开展,更无法普及,从而制约了这些项目的长期发展。而武术基本不存在这样的问题,即使现有条件简单,也可以开展一些武术活动。宽旷的田野、公园、社区空地等都可以成为武术练习的场地。可以说武术练习场地随处可见,这是武术运动与生俱来的优势,也是这项运动能够发展至今的一个主要原因。由此我们便可以解释为什么祖国大江南北都可以开展武术运动,为什么武术运动可以深入城市、农村、学校、工厂等地。抓住这一优势不失时机地普及武术健身,可有效推动武术的传承与全民健身的发展。

(五)参加武术锻炼不受个人条件的限制

武术活动的开展不会因为人数、年龄、性别等个人条件而受限,人们可以独自一人进行武术锻炼,也可以结伴进行武术锻炼,锻炼形式可以是个人的,也可以是集体的。小组锻炼形式或集体锻炼形式对时间和场地有一定的要求,如果场地和时间允许,还可以采用对练形式。在武术锻炼过程中,每个人都应该从自己的年龄、身体状况等出发对运动强度和运动量进行控制和调节,保持适宜的身体状态,以获得最佳的健身效果。

五、发挥武术的作用,推动全民健身计划的实施

随着现代人健康观念的变化和体育锻炼意识的增强,全民健身将进入更多的家庭,成为人们生活中的一部分。将古老而传统的武术运动带入每个家庭中,充分发挥武术的优势

第一章 武术健身观探讨

与健身功能,可以改变每个家庭成员的身体健康状态。这也是武术在全民健身推广中所发挥的重要作用。为此,需从以下几方面努力:

首先,对武术健身的相关知识、技术和方法大力进行宣传,使人们对武术的健身功能有充分的认识和掌握,让群众对武术的基本内容和形式有广泛而深刻的了解,从而参与其中,扩大全民健身规模与人口。不同健身人群有不同的特点与健身需要,因此要将不同的武术健身知识与方法提供给他们,使他们在闲暇时间自主选择锻炼形式与方法。

其次,对武术的基本内容和形式加以拓展和创编,将更多更好的、积极有效的武术健身方法和手段提供给有需求的人。在传统武术模式上,对集娱乐、健身和竞赛于一身的新型健身项目进行设计和创编,增加武术的趣味性,使其更符合现代人的思维和习惯,这是现代社会中对武术进行改革的一项艰巨任务。改革结构复杂、难度大的动作方法,改革有危险性的武术器材,改革武术竞赛规则中不合适的内容,重点对武术的健身和娱乐功能进行强调,突出其可操作性和娱乐性,这会使武术运动越来越丰富多彩,也会使人们对武术锻炼更加适应,更主动地参与其中。

再次,加强对武术健身指导中心、地方武术协会等社会化武术组织的组建,建设城乡武术社区体育指导站和活动点,为武术健身各种计划的推进提供组织保障,将大众参与武术的热情带动起来。此外,还可以举办小型武术竞赛,提高人们的关注和参与意识。

最后,将现代科技和人文环境充分利用起来,为大众展现一个声势浩大的武术盛宴。通过各种信息媒介(电视、报刊、广播、网络等)进行武术传播。社会团体、体育指导中心、高校组织专家开展健康讲座、武术讲座,培养人们对武术运动的兴趣,使人们正视武术,使武术真正融入更多人的生活中。

第二章 武术健身理论体系构建

当前,人们对武术健身价值的认识也越来越全面、深刻,认识水平有了大幅提高。正是因为有了正确的高度的认识,人们才会积极主动地参与其中,以期获得预期的健身效果,满足自身对健康的需求。但并非所有参与武术健身运动的人都能如愿,这与健身过程中未严格贯彻科学的健身原则,健身方法不正确,健身处方不符合个人实际及缺乏医务监督等原因有关。为了提高人们参与武术健身的科学性、实效性及安全性,使人人都能获得良好的健身效果,促进人们健康水平的提高,本章特针对上述原因来分析对武术健身理论与方法体系的构建,以期提供正确的理论与方法指导。

第一节 武术健身原则

一、武术健身的全面性原则

(一)原则简述

武术健身的全面性原则指的是武术健身中使身体形态、身体机能、身体素质及心理、智力等得到全面的锻炼,促进各方面协调发展。为了达到这一目标,健身内容要丰富,尽可能使各方面的素质都能在锻炼中得到提高。如果健身内容单一,有些机能与素质就锻炼不到。而身体各组织系统与素质之间又是密切联系的,所以锻炼不足的某一或某些身体系统或素质会影响整体的健康发展,造成身体发展不平衡和不协调。因此武术健身者在锻炼肌肉的同时,也要加强内功修炼,促进各方面功能的改善和相互之间的积极影响。

(二)贯彻原则的要求

武术健身中贯彻全面性原则要做到如下几点:

(1)健身内容和手段丰富多样,但内容与手段的变化不要过于频繁,每项内容或手段经过一个阶段后再根据自我需要来调整,形式不是关键,取得实效才是关键。

(2)在科学的指导下进行武术健身锻炼,在全面发展的同时重点发展薄弱部位,或预防与解决主要健康问题,如防止青少年身体发展畸形和偏颇,防止中老年身体薄弱环节出现毛病等,不同的人都要从自身情况出发明确锻炼重点。

二、武术健身的个体性原则

(一)原则简述

武术健身的个体性原则就是武术健身内容、方法及负荷的安排要因人而异,区别对待,不能一刀切,不能一概而论,要使人人都在武术健身中实现健康发展。

(二)贯彻原则的要求

武术健身中贯彻个体性原则要做到如下几点:

(1)根据自身的兴趣爱好、身体情况、运动基础选择武术健身内容,不管是儿童青少年还是中老年人都应如此。如青少年适合练习竞技性武术,老年人适合练习太极拳等动作节奏慢的武术项目。

(2)武术健身锻炼中不要随大流,看同龄人练什么,怎么练,自己也模仿,因为即使是同龄人,因为身体健康状况、职业特点等各方面的差异,也应选择不同负荷形式的健身内容与方法。

三、武术健身的积极主动原则

(一)原则简述

在武术健身锻炼中,积极主动原则非常重要,这是从事任何行动取得好结果的前提条件。要积极主动参与武术健身锻炼,就要先明确自己为什么健身,为什么选择武术这个项目来健身,只有明确了目的,内在需要、动机和积极性才会被激发出来,才能坚持下去。毛泽东同志在《体育之研究》一文中提出:"欲图体育之有效,非动其主观,促其对于体育之自觉不可。"并指出:"坚持在于锻炼,锻炼在于自觉。"可见,积极主动参与健身运动具有非常重要的意义。

(二)贯彻原则的要求

武术健身中贯彻积极主动性原则要做到如下几点:
(1)在了解武术健身价值、科学锻炼常识与方法的基础上进行武术运动健身。知其然,也要知其所以然,这样健身的主动性才会不断提升。
(2)武术健身锻炼在时间、地点、组织形式等方面没有明确的固定要求,这就是一个自觉锻炼的过程,如果自身缺乏自觉性,无法取得预期锻炼效果。
(3)在长期健身中刻苦练习,持之以恒,克服困难,自觉积极地完成健身计划中的每一步。

四、武术健身的合理安排负荷原则

(一)原则简述

根据机体适应规律和健身者的个人情况来控制运动量与运动负荷,以提高健身效果和运动能力,这就是武术健身需要遵循的合理安排负荷原则。武术健身中,运动负荷的安排是否合理,直接影响运动效果。太小的负荷或过度的负荷都不科学,要么无法引起机体的适应性变化,要么刺激太强,会损害身体,所以运动负荷必须严格把控好。

在武术健身锻炼中,运动负荷不是固定不变的,而要根据身体适应性的变化来调整,如果要加大运动负荷,必须是逐步、有节奏地加大,而且一次锻炼中尽量将不同大小的负荷结合起来。

(二)贯彻原则的要求

武术健身中贯彻合理安排负荷原则要做到如下几点:

(1)锻炼时间、密度和强度直接影响运动负荷,对负荷的调整主要从这几个要素着手。

(2)健身者从自己的体质情况、年龄性别和所选的武术锻炼内容出发明确负荷大小。

(3)在武术健身锻炼中对运动负荷的安排没有固定标准,主要应根据身体适应情况、锻炼前后机体恢复情况、自我感觉等方面来对运动负荷加以调节。

(4)锻炼中随时注意观察自我感觉,若出现炎症或疲劳症状,不要勉强支撑,要适当休息,否则会带来严重的身体健康问题。

(5)健身过程中不可避免会出现疲劳,也会因多方面的原因而出现运动性损伤或疾病,要学会进行正确的区分,从而根据实际情况采取对策。轻微疲劳可停下来休息,或减少负荷、缩短锻炼时间等,给机体一个调整、适应与缓冲的过程;如果肌肉酸胀疼,适当调整与放松后继续锻炼,这样可有效改善机体适应能力;但如果是疾病性疼痛,要及时停止锻炼,并及时寻求专业治疗帮助。

五、武术健身的循序渐进原则

(一)原则简述

在武术运动健身中,对健身内容、时间、方式及负荷等要素的合理安排就是循序渐进。循序渐进地健身锻炼尤其是运动量的逐步增加可使身体素质逐步得到增强,促进身体适应性的提高。如果违背该原则,急于求成,将负荷量突然增加到身体无法承受的范围,则健身效果就会大打折扣,甚至会事与愿违,出现伤病。中老年人、体弱多病者在武术健身锻炼中更应循序渐进,以免出现问题。

(二)贯彻原则的要求

在整个武术健身锻炼过程中,都要谨记循序渐进,具体要做到如下几点:

(1)运动负荷和运动强度的增加是逐步递进式的,武术健身者要考虑自身身体机能的活动变化规律和适应特征。

(2)健身时间、次数的增加也是逐步递进式的,不要开始就一次锻炼太长时间或一周锻炼好多次。

(3)健身动作的变化要有一个从简单到复杂、从容易到有难度、从分解到综合的过程。

六、武术健身的持之以恒原则

(一)原则简述

在武术健身锻炼中,要坚持系统性练习,将此作为一个生活组成部分或生活习惯,这就是持之以恒原则。生命在于运动,运动贵在坚持。强身健体是一个长期积累的过程,如果只是一朝一夕的三分钟热度,不可能奏效。

"用进废退"学说指出,根据增进体质靠积累、提高运动技能有过程、锻炼效果不稳定的特点,武术健身锻炼应坚持不懈,从而长期维持好的健身效果。

(二)贯彻原则的要求

武术健身中贯彻持之以恒原则要做到如下几点:

(1)养成良好的武术健身行为习惯,使其渗透到日常生活中去,坚持健身。

(2)连贯、系统、逐步地安排与调整健身内容、方法、运动负荷等,使健身效果在长期锻炼中不断增强。

(3)在武术健身锻炼中要做好医务监督与安全保障工作,避免发生安全事故,如过度疲劳、运动伤病等,否则健身的系统性、实效性会受到严重影响。体质较差或疾病患者要遵医嘱参与武术健身锻炼,不要逞强。

第二节 武术健身方法

一、武术健身练习的基本方法

(一)重复练习法

多次重复同一练习,两次练习之间有充分休息的练习方法就是重复练习法,这一方法在武术健身练习中经常用到。采用该方法可以将武术动作更加顺利掌握,并不断巩固,促进武术运动水平的提高。

重复练习法有短时间重复练习、中时间重复练习和长时间重复练习三种类型,这是根据练习时间长短来划分的。第一种类型重复练习时间一般不到 30 秒,第二种类型重复练习时间一般在 0.5~2 分钟之间,最后一种类型重复练习时间一般在 2~5 分钟之间。武术健身锻炼中,采用前两种重复练习方法类型的居多。

武术健身锻炼中采用重复练习法应了"熟能生巧"的道理。"拳打千遍,身法自然""拳打万遍,神理自现"等拳谚说明只有不断地重复练习,才能达到娴熟的地步。

一般在武术基本动作练习、基本功练习、高难技术组合练习以及武术力量和速度素质练习中采用短时间重复练习方法。这种方法有充分的间歇时间,利用间歇时间按摩肌肉使其放松,可促进机能恢复,迅速投入下一次练习。

通常在武术套路健身练习中采用中时间重复练习方法,间歇时间也较为充分,利用间歇时间按摩肌肉放松,或慢跑深呼吸,可将体内积累的乳酸清除,促进机能恢复。

(二)变换练习法

武术健身中,变换练习内容、练习条件、练习形式、运动负荷等要素,以促进个体健身积极性、趣味性、适应性以及应变能力的提高的健身方法就是变换练习法。变换练习内容可综合锻炼不同身体素质、运动技能,促进促进各方面的协调发展。

采用变换练习法可促进个体在武术健身中运动技能的改进、提高与巩固。变换条件的确定要从个体在掌握技能过程中出现的具体情况来考虑。例如,减缓动作速度,让个体体会肌肉的协调用力感觉,这样对动作细节的掌握,对动作僵硬、毛糙等问题的克服都有帮助;提高动作速度并能够做到稳健,或改变动作组合(如跳跃动作后接做平衡动作),从而对平衡能力进行培养等,也是对健身效果有意义的。

(三)间歇练习法

明确规定多次练习时的间歇时间,使机体在不完全恢复的状态下反复进行练习的方法就是间歇练习法。该练习方法可促进健身个体呼吸和心血管系统功能的改善。

采用间歇练习法,需要根据实际情况调整每次练习的数量、负荷强度、重复次数、间歇时间和休息方式,如将练习强度提高,使练习次数增加和对间歇时间进行调整等。

在武术拳种练习中,要从拳种的特点出发来考虑与设计运动强度、练习密度,如进行长拳类套路练习时,强度较大,根据情况将每次练习的强度提高,增加间歇时间;太极拳套路练习中,以增加每次练习数量、缩短间歇时间为主。

(四)循环练习法

循环练习法在武术健身中也比较常用,指的是从健身练习的具体任务出发,将练习内容设置为若干个站,然后按照已经安排好的顺序和路线将每站练习内容依次完成,这就是循环练习法。

武术健身锻炼中,可将武术练习内容如基本功和基本动作练习、套路分解和完整练习、素质练习等编成各种练习程序,在不同练习内容中再继续编成小的练习程序。如在基本功和基本动作练习中设计腰功、腿功、跳跃动作、功架动作组合等内容的练习程序;套路练习中设计拳、械和对练套路的分段练习程度和整套练习程序;素质练习中设计力量、弹跳力、速度等动作练习程序。可用流水作业的形式来完成练习,也可用分组轮换的形式完成既定练习任务。

(五)综合练习法

在武术健身锻炼中,以上所列出的各种健身练习方法之间既相互独立,又相互联系,所以单一使用任何一种练习方法的效果不及结合起来综合使用练习方法的效果。采用综合练习法,可对练习负荷与休息时间灵活调整,更好地完成练习内容,达到练习要求,从而有效实现预期健身锻炼的效果。

二、武术健身中身体素质练习方法

(一)武术运动健身力量性练习

1. 打沙包

用拳法、腿法的各种动作踢打重沙包主要是为了增强打击力量。采用单操练习、组合击打等方法均可。由轻到重进行击打练习,以免出现运动损伤。

2. 打墙靶

击打墙靶或者胸靶也可以增强打击力量。练习时,适当调整墙靶高度。

3. 摔布人

增强腰腹肌力量可采用该练习方式,练习时注意布人的重量、大小要因人而异。

4. 揉摔对抗

揉摔对抗练习是两人一组完成的,这是全面锻炼身体力量和增强摔法技能的练习方式,以间歇性练习为主。

(二)武术运动健身柔韧性练习

武术运动健身的柔韧性练习主要有以下三种方式:
第一,主动性练习。通过压腿、压肩等固定支点的练习来锻炼柔韧性就是主动性练习,还包括依靠肌肉力量在身体最大幅度时保持片刻时间的练习。
第二,被动性练习。在他人的帮助下完成撕腿、扳腿、甩腰及其他肩关节灵活性练习属于被动性练习。

第三,混合性练习。上述两种练习方法交替进行,如压腿后再在他人的帮助下扳腿、撕腿等。

武术运动对机体的柔韧性有全面的要求,参与运动的身体各主要关节部位都应具有良好的柔韧性。因此在柔韧练习中必须注意身体各关节与各部位的全面练习,下面详细分析练习手段。

1. 各关节柔韧锻炼

(1) 肩关节。

①向内拉肩。

站姿,一臂肘关节抬到齐肩高,屈肘与另一臂交叉。另一臂抬到齐肩高将对侧肘关节抓住,呼气,向后拉,保持片刻(图2-1)。

两臂交替练习。

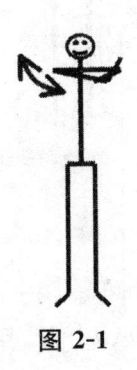

图 2-1

②背向拉肩。

背墙,双臂向后直臂扶墙,与肩同高。呼气,屈膝下移重心,手臂和上体充分伸展,保持片刻(图2-2)。

按上述方法重复练习。

③向后拉肩。

站姿,双手在背后掌心相贴,手指向下,吸气,手腕转到手指向上。吸气,双手向上移到能力极限,并将肘部向后拉,保持片刻(图2-3)。

按上述方法重复练习。

图 2-2

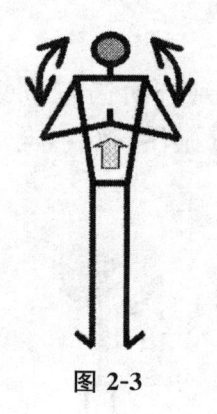

图 2-3

④助力顶肩。

跪姿,双臂上举,双手交叉于身后的辅助者颈后。辅助者手扶在髋部触碰对方肩胛部位,后仰,用髋部向前上顶,保持片刻(图 2-4)。

按上述方法重复练习。

图 2-4

⑤助力转肩。

一臂屈肘 90°侧举,同伴帮助固定肘关节,向后推手腕,保持片刻(图 2-5)。

按上述方法两臂交替练习。

图 2-5

⑥握棍直臂绕肩。

双立,双手握木棍。吸气,直臂从髋前部向上绕到髋后。再绕回(图 2-6)。

按上述方法重复练习。

图 2-6

(2)腕关节。

①跪撑侧压腕。

跪姿撑地,手指指向体侧。呼气,重心缓慢向前、后方向移动(图 2-7)。

按上述方法重复练习。

图 2-7

② 向内旋腕。

站立,双手合掌,臂伸直。呼气,手腕内旋,双手分离(图 2-8)。按上述方法重复练习。

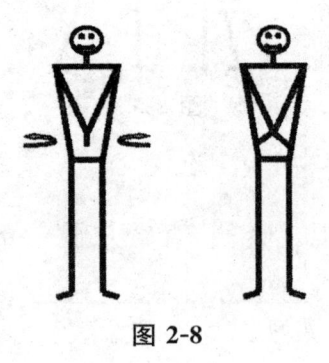

图 2-8

(3)髋关节。

① 身体扭转侧屈。

站姿,左腿伸展、内收,在右腿前交叉。呼气,上体右侧屈,双手争取去触碰左脚跟,保持片刻(图 2-9)。

按上述方法两侧交替练习。

图 2-9

②台上侧卧拉引。

侧卧,双腿伸展。呼气,一腿直膝分腿后移,悬在空中,保持片刻(图2-10)。

按上述方法两腿交替练习。

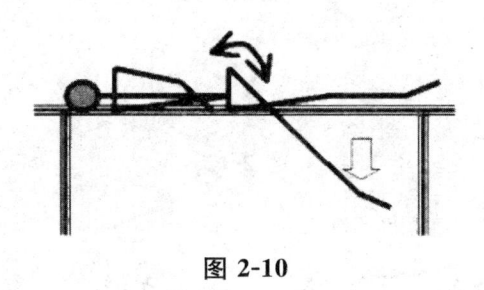

图 2-10

③仰卧髋臀拉伸。

平卧,外侧腿从台子上向下移到悬垂空中。吸气,内侧腿屈膝,双手抱膝缓慢拉向胸部,保持片刻(图2-11)。

按上述方法双腿交替练习。

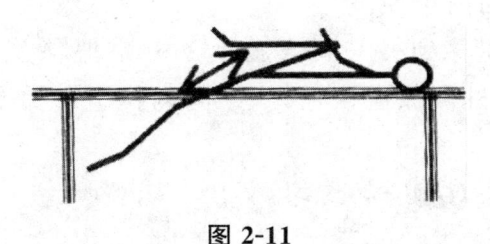

图 2-11

(4)踝关节。

①上拉脚趾。

将一腿小腿移到另一腿大腿上。一手将踝关节抓住,另一手将脚趾和脚掌抓住,保持片刻(图2-12)。

按上述方法双脚交替练习。

②跪撑后坐。

跪姿,双手撑地,双脚并拢脚掌支撑。呼气,臀部向后下方移,保持片刻(图2-13)。

按上述方法重复练习。

图 2-12

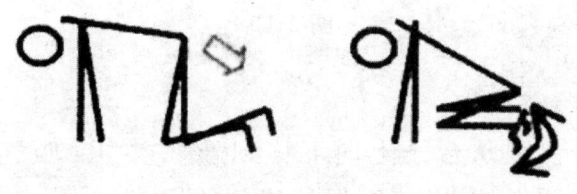

图 2-13

③踝关节向内拉伸。

将一腿小腿移到另一腿大腿上。一手把踝关节上部小腿抓住,另一手把脚外侧抓住。呼气,并向内拉引踝关节外侧,保持片刻(图 2-14)。

按上述方法双脚交替练习。

图 2-14

2. 各部位柔韧锻炼

(1) 颈部。

① 前拉头。

双手在头后交叉。呼气,向下拉头,下颌触碰胸部,保持片刻(图 2-15)。

按上述方法重复练习。

图 2-15

② 团身颈拉伸。

身体由仰卧举腿团身,头后部和肩部承受身体重量,双手膝后抱腿。呼气,将大腿向胸部拉,膝和小腿前部触地(图 2-16)。

按上述方法重复练习。

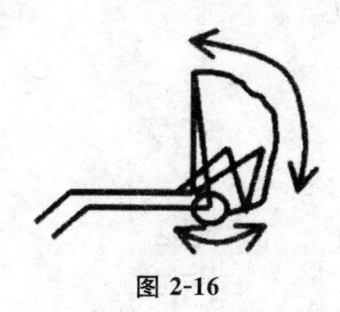

图 2-16

(2) 胸部。

① 跪拉胸。

跪姿,身体前倾,前臂交叉高于头部放在台子上。呼气,头部和胸部下沉,直到触地,保持片刻(图 2-17)。

按上述方法重复练习。

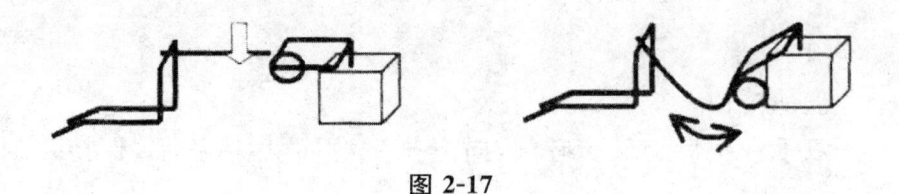

图 2-17

②坐椅胸拉伸。

双手头后交叉。吸气,双臂后移,上体上部后仰,拉伸胸部,保持片刻(图 2-18)。

按上述方法重复练习。

图 2-18

③直臂开门拉胸。

在一扇打开的门框内,双脚前后开立,双臂向斜上方伸直顶在门框和墙壁上。双手掌心对墙。呼气,身体前倾拉伸胸部,保持片刻(图 2-19)。

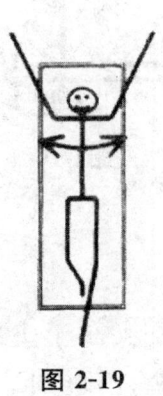

按上述方法重复练习。

图 2-19

第二章 武术健身理论体系构建

(3)腹部。

①俯卧背弓。

俯卧,屈膝,脚跟向髋部移动。吸气,双手把脚踝抓住。收缩臀部肌肉,胸部和双膝离开垫子,保持片刻(图2-20)。

按上述方法重复练习。

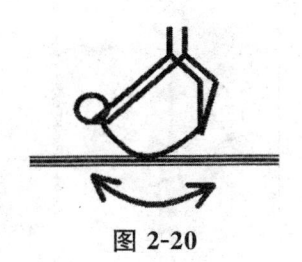

图 2-20

②上体俯卧撑起。

俯卧,双手掌心向下、手指向前放在髋两侧。呼气,用手臂撑起上体,头后仰,形成背弓,保持片刻(图2-21)。

按上述方法重复练习。

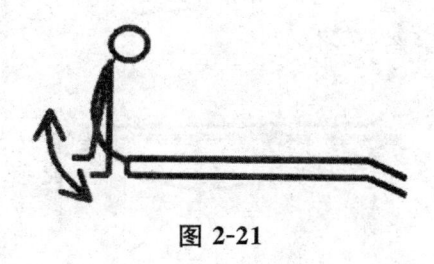

图 2-21

(4)腿部。

①坐压脚。

跪姿,脚趾向后。呼气,坐在双脚脚跟上,保持片刻(图2-22)。

按上述方法重复练习。

图 2-22

②扶墙上拉脚。

站姿,一手扶墙,一腿屈膝,脚跟向臀部靠近。呼气,另一手把屈膝腿脚背抓住,吸气,向臀部缓慢提拉(图2-23)。

按上述方法交替练习。

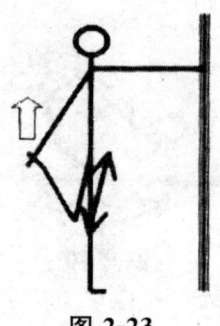

图 2-23

③台上平卧拉引。

平卧,呼气,外侧腿下移悬空。内侧手把悬空腿踝关节或脚抓住,向臀部方向缓慢拉引(图2-24)。

按上述方法交替练习。

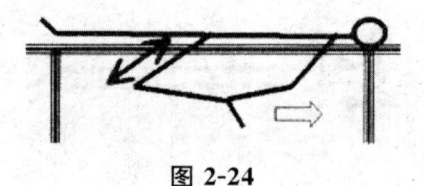

图 2-24

④坐拉引。

坐姿,双腿伸展,双手在髋后直臂。一腿屈膝,一手将屈膝腿脚跟内侧抓住。呼气,屈膝腿伸展,垂直另一腿,保持片刻(图2-25)。

按上述方法交替练习。

⑤站立拉伸。

背贴墙,吸气,直膝抬起一条腿。同伴用双手将练习者屈膝腿的踝关节上部抓住,帮助腿上举,保持片刻(图2-26)。

按上述方法交替练习。

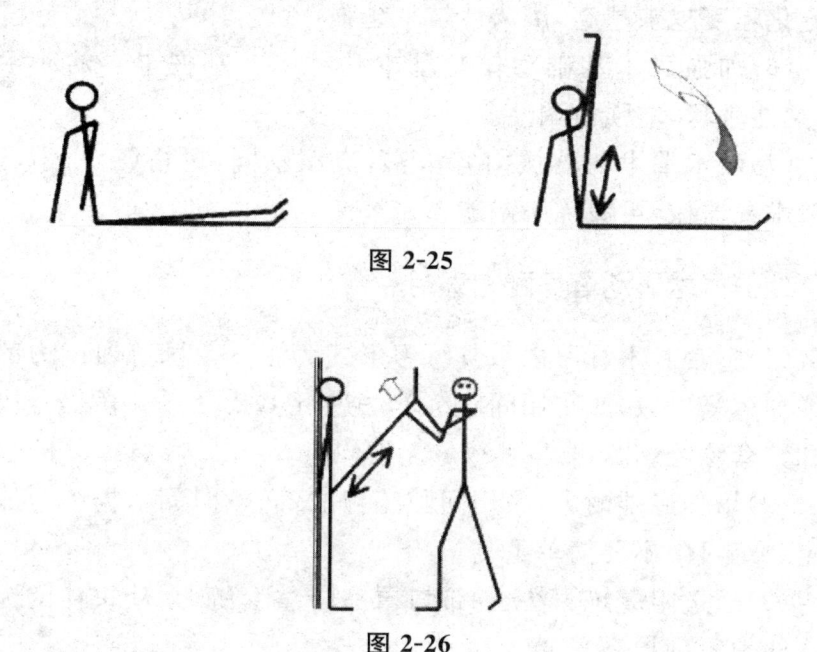

图 2-25

图 2-26

(三)武术运动健身协调性练习

学习武术技能首先要具备一定的协调性,只有具备这一基础,才能更准确、连贯、完整而有节奏地完成动作,否则在练习中只会给人一种力拙劲滞的感觉,动作的准确性及健身效果都会受到影响。

武术协调性练习方式如下:

(1)游戏练习。以跑、跳、爬、步法移动为主,如捕鱼游戏、贴人游戏和接力跑游戏等,多用于早期练习中。

(2)提高模仿能力的练习。练习体操、舞蹈等动作可促进机体各环节在时间上协调配合能力的提高。

(3)反应练习。如报数游戏等,提高反应能力有利于在对抗性武术练习中做出快速反应。

(4)提高平衡能力的练习。如前后左右单、双脚跳,左右交换跳,越障碍等,锻炼协调性。

(5)对肌肉合理用力能力进行培养的练习。使肌肉用力的精确分化程度越来越高,协调性越来越强。

(6)加强武术基础动作与基本功练习。掌握丰富的武术技术,熟能生巧,增强协调性。

(7)武术拳术与器械内容丰富,流派不同,风格各异,学习这些拳术或器械,可锻炼协调能力。

(四)武术运动健身耐力练习

(1)整套武术练习以重复练习形式为主等。随练习能力的提高增加重复次数,或采用间歇练习法进行1/2段、3/4段等分段练习和整套练习。

(2)培养专项耐力,采用间隙练习法,间歇时间依据练习能力而定。练习中不要简单重复。

(3)通过阻氧练习法,如带口罩完成整套练习,使机体的无氧工作能力得到提高。

(4)按比赛要求进行练习,有效锻炼耐力和体力的合理分配能力,同时还能提高锻炼的积极性。

第三节 武术健身处方

一、武术健身时间

在武术健身练习中,对健身锻炼时间的安排至关重要。根据身体生理特点,一次锻炼时间不宜过长,应控制在1小时左右。这1小时的锻炼分三个部分,第一部分是准备活动,时间约占1/4,主要是为了调动身体机能的积极性;第二部分是基本部分,占健身锻炼总时间的2/3,重点练习武术基本动作、基本功、套路等,是武术健身锻炼的核心部分;第三部分是结束部分,用剩下的时间主要进行放松和恢复性练习,以恢复机能正常水平,消除疲劳。

二、武术健身内容

(一)准备部分

准备部分主要是将机体各个器官调动起来,使其能快速进入并适应运动状态,一般通过慢跑、游戏等方面来达到该目的。

准备部分也可做一些操类的准备活动,从而使各个关节舒展开来,以避免在正式的练习中受伤。活动操包括头、肩、腰、髋、膝踝等各个身体部位的运动,练习过程中要注意形式的多样化,以免产生枯燥的感觉,影响锻炼兴趣与积极性。

(二)基本部分

1. 基本功练习

武术基本功包括肩功、臂功、腰功、腿功、桩功、平衡及跳跃等内容。

(1)肩功、臂功。

肩功、臂功练习可使这两个部分的柔韧性更强,使关节能在更大的范围内活动,同时可以使这两个部位的力量增强,使上肢的伸展、环绕能力更强。

(2)腰功。

在基本功练习中不要忽视腰功。腰作为一个纽带连接上下肢,是非常重要的身体部位。俗话说:"练拳不活腰,终究艺不高。"腰是身法技巧的反映,腰不活,则"身法"无法充分显现出来。俯腰、甩腰、涮腰和下腰等是武术腰功练习中的主要内容。

(3)腿功。

腿功在武术基本功练习中同样很重要,通过腿功练习可使腿部更具柔韧性、灵活性,速度力量更强。腿功练习主要以踢腿和压腿为主,具体包括正压腿、后压腿、侧压腿、弹腿、撕腿、下叉、正踢腿、侧踢腿、侧踹腿、里合腿、外摆腿、前后扫腿等。

(4)桩功。

桩功是武术特有的基本功,因此在锻炼中这项内容是必不可少的。练习桩功可使腿部肌肉更有力量,这样功架完成得就更标准了。初步进行桩功练习,时间宜短一些,站桩时间主要随腿部力量的提升而增加。

(5)平衡。

平衡动作练习对腰、髋的柔韧性及肌肉控制力量有较高的要求,所以在进行平衡练习之前先锻炼机体力量与柔韧性。

平衡练习分以下两种情况:

①持久性平衡练习:完成动作时,静止2秒以上。

②非持久性平衡:在时间上没有要求,但动作完成后必须要有短暂的静止状态。

(6)跳跃。

通过练习跳跃动作能够使腿部肌肉更有力量,弹跳能力更强,因此在武术基本功练习中要加强这方面的锻炼。武术跳跃动作的练习内容主要有腾空飞脚、旋风脚、腾空摆莲、跌扑滚翻(侧手翻、侧空翻、旋子等)等。

2.套路练习

(1)武术超套练习。

超套练习是一次对一整套再加上一至两段的套路动作进行练习,或练习一套半武术套路动作等。通过该练习可促进耐力的提升,同时对意志品质的培养也有积极作用。做超套练习时贵在坚持,而且套路动作要达到一定的动作规格和节奏要求。练习时不要经常变化锻炼形式,以防因疲劳而使动作质量受到影响。武术基础较差的健身锻炼者不适合进行该练习,否则会造成体力不支,并对动作的正确定型造成一定程度的破坏。

(2)武术整套练习。

在练习整个武术套路动作时,要合理分配体力,控制好节奏,尽可能表现出起伏转折、动静疾徐、刚柔虚实的动作特点。整套练习应该将动作的规格化、成功率重视起来。若无法完成整套练习或完成质量不佳,可先进行分段练习或组合练习,逐步改进和提高。

(3)武术分段练习。

该练习有以下两种情况:

情况一:按武术套路本身的分段顺序逐步练习,可一段一段练,也可两段两段练。这是常规性练习。

情况二:选择练习某一段落。这是重点练习难度较大的段落或薄弱段落的方式。

(4)武术组合动作练习。

武术套路由一系列组合动作构成,两个及两个以上的单个动作组成组合动作。在基础健身练习中,多采用单式重复练习的方法。

(三)结束部分

结束部分的放松练习是整个武术健身锻炼过程中必不可少的一个重要环节。

在武术健身锻炼的最后有针对性、目的性、选择性地做一些放松练习,如自编放松操等,能够使机体逐渐进入安静状态,促进机体恢复,为肌肉下一步积极参与身体活动而创造条件。

三、武术健身运动量

武术健身锻炼效果的好坏与运动量的安排密切相关,因此合理安排运动量在武术健身锻炼中非常必要。科学合理的运动量应该如何定义,这是武术运动爱好者比较关注的焦点。资料表明:通过心率监测可了解机体对运动负荷的反映。无氧阈(AT)

100%强度、心率（HR）150次/分钟相当于比赛时的80%强度；最大摄氧量（VO$_2$）105%强度、心率（HR）160~170次/分钟，相当于比赛时的85%强度；乳酸能力（LT）训练、心率（HR）170~180次/分钟，相当于比赛时的90%强度。

第四节　武术健身安全保障

武术健身中容易出现运动损伤，这会影响武术健身爱好者的锻炼积极性和身心健康，所以在武术健身中要做好对这方面的监督和干预工作，给武术健身爱好者提供安全保障。下面主要分析武术健身锻炼中出现运动损伤的原因和如何有效预防与治疗武术运动中常见的运动损伤。

一、武术运动损伤的原因

（一）体质差

武术健身者在锻炼过程中出现运动损伤，很大程度上与自身的身体素质差有关系，可能是力量、速度、柔韧、耐力和灵敏等素质中某一项的问题，也可能是多个身体素质的问题，如肌肉力量弱、弹性差、反应慢、关节不灵活、不具备较强的稳定性等。而武术运动对人的柔韧性、协调性和灵活性有较高的要求，因此体质较差的人在较大难度武术项目的练习中发生损伤的概率很高。

（二）准备活动不够

热身是进行身体锻炼的首要环节，武术健身锻炼前要先热身，热身活动不仅要做，还要做充分，做规范，从而使中枢神经系统的兴奋性得到充分调动，使各器官系统功能更加协调，肌肉更

第二章 武术健身理论体系构建

有弹性,激发人体机能的积极性,从而使运动损伤发生的概率减少或完全避免。做准备活动需要做到以下几点:

(1)树立准备活动意识,快速进入运动状态。

(2)合理把控准备活动时间,保持准备活动的作用,使机体达到良好的运动状态。

(3)根据武术锻炼内容选择准备活动内容,在一般准备活动的基础上加入专项准备活动。

(三)客观环境变化

环境变化也是引起武术运动损伤的一个重要影响因素。例如,高温环境中进行武术健身锻炼,疲劳和中暑症状很容易出现,而身体水分大量流失,使体内水盐代谢受到影响,抽筋和虚脱现象也很容易出现。在低温环境下进行武术锻炼,冻伤危险高发,而且会使肌肉僵硬,失去弹性,这样动作就不会很协调,此时肌肉拉伤的损伤问题容易出现。

如果健身者在武术锻炼中着装不合适,特别是鞋子大小不合适,也容易造成运动损伤。另外,场地、器械也是引起运动损伤的环境因素,武术锻炼要求场地平整,如果不满足这一条件,健身者易受伤;武术器械不标准,使用不规范,也易造成损伤,如擦伤等。

(四)动作错误

进行武术运动健身锻炼,必须符合武术的动作特点、运动规律与武术风格,若一味凭想象去练,或者蛮干式地练,都会给身体带来一定的损害。

有很多人在武术练习时会出现技术动作错误,武术初学者或初步学习某一武术动作时尤其如此,错误的动作与身体结构特点、身体机能特点、机能变化规律、运动生物力学原理不相符,因此受伤概率大。

二、武术健身中常见运动损伤及处理方式

(一)擦伤

1. 产生原因

擦伤多出现在摔倒时或被武术器械所伤,如进行剑花动作练习时没有控制好手腕力量,剑尖未划立圆,剑锋容易擦伤脸。

2. 处理方式

(1)若擦伤面积小,伤口浅,没有异物,直接将"好得快"等药物喷在伤口处,此时还可继续练习。
(2)练习结束后用生理盐水冲洗伤口,以消除毒素,将1%～2%的龙胆紫液或2%的红汞药水局部涂抹,龙胆紫等染色剂不要涂抹在脸上。
(3)关节附近的擦伤,将5%～10%的青霉素软膏或磺胺软膏涂抹在患处。
(4)擦伤面积大或有异物,用生理盐水冲洗,并加压包扎。
(5)伤口污染严重时,清除干净异物,再用纱布覆敷伤口,并注射破伤风抗毒血清、服用抗菌药物。

3. 预防

进行器械类武术动作练习时,与同伴保持距离;自己也要规范使用器械,动作要合理,以免将自己刮倒。

(二)挫伤

武术散打运动锻炼中易发生挫伤。

1. 产生原因

挫伤多出现在下肢、胸部、头部等部位,被对方踢中、击中时

容易受伤。

2. 处理方式

（1）单纯挫伤，处理方法有局部冷敷、外敷新伤药、加压包扎等。

（2）复杂性挫伤并有休克症状，先采取抗休克措施，止血、止痛等。同时送医治疗。

3. 预防

（1）练习时双方点到为止，避免使用暴力伤到对方。
（2）提高速度能力与灵敏能力，及时快速地躲闪。

(三)急性腰扭伤

1. 产生原因

在武术健身锻炼中，弯腰屈髋、伸膝突然向上爆发用力时，如做旋风脚、腾空摆莲等跳跃动作时，下肢动作领先于上身动作，或健身者本身腰、骶部肌肉力量较弱，或脊柱前屈幅度过大又急转身，脊柱活动超出正常范围，均可造成急性腰扭伤。

2. 处理方式

（1）发生急性腰扭伤，需卧床休息，将一块薄枕垫在腰部下，使腰部得到放松，这个方式与一般仰卧位休息交替，避免牵扯到受伤部位，更有利于康复。症状轻者休息两三天，较重者大约休息一周时间。

（2）受伤后按摩人中、大肠俞、委中等穴位，具有止痛功效，利于腰部迅速恢复正常活动。

（3）内服止痛药，外贴活络止痛膏。

（4）也可采用针灸、拔罐、理疗、局部注射等方法治疗。

3. 预防

正确掌握动作要领,锻炼腰、腹肌的力量与协调性,集中练习腰部力量时可绑上护腰带。

(四)关节韧带扭伤

在散打健身运动中易发生关节韧带扭伤的部位有腕、踝、肩、膝、肘等关节及脊柱椎间小关节等。

1. 产生原因

(1)场地地面凹凸不平或太滑时,做连贯性动作易导致关节扭伤,如踝关节扭伤(多为踝关节外侧韧带扭伤)、足底小关节扭伤等。

(2)运动能力较差,局部肌肉力量大小不平衡,关节韧带薄弱或不具备较强的稳定性时也会造成韧带扭伤。

(3)由于动作有误或不规范,如身体失去平衡或对抗相持时易发生膝关节扭伤,其中膝关节外侧副韧带损伤主要由突然发力所致。

(4)身体疲劳时继续锻炼也易发生关节韧带扭伤。

(5)准备活动不充分。

(6)锻炼时注意力分散,思想不集中。

(7)缺乏自我保护能力。

(8)局部先天畸形等。

2. 处理方式

(1)及时冷敷、包扎,适当将伤肢抬高,避免伤口肿胀。局部用止血、消肿药。

(2)损伤较严重者,内服云南白药、止痛药等。24小时后局部按摩,手法轻缓。

(3)一般单纯性下肢关节韧带扭伤,固定后适当做静力性功能活动。

(4)韧带断裂,应及早送医院治疗。

3. 预防

(1)对于易受伤关节,加强周边肌群力量与柔韧性的锻炼,使关节更稳定、活动更灵活。

(2)准备活动做到位。

(3)不断纠正错误的动作方法,将动作做规范。

(4)加强运动卫生监督和安全监督。

(5)运动量合理,避免过度疲劳。

(6)运动时集中精力。

(7)提高自我保护意识与能力

(五)肌肉拉伤

1. 产生原因

(1)武术健身锻炼中完成武术跳跃动作踏跳蹬地时,可能会拉伤大腿后侧肌群。

(2)完成跳跃动作接劈叉动作时,两腿外展幅度太大,可能会拉伤大腿内侧肌群。

(3)准备活动不到位也是该运动损伤易发生的一个主要原因。

2. 处理方式

(1)立即冷敷,局部加压包扎,适当制动,将患肢抬高放在松弛位置,这样疼痛感会稍微减轻。

(2)若是肌纤维轻度拉伤并伴有肌肉痉挛症状,为取得更好的治疗效果,可采用针灸法,且24小时后进行按摩。

(3)肌纤维断裂者,按摩时间在48小时后。

(4)肌肉、肌腱完全断裂者,在局部加压包扎后,立即送医进行手术治疗。

3. 预防

(1)对于容易拉伤的部位,注意练习力量能力与柔韧能力。
(2)锻炼前充分热身。
(3)运动量合理。
(4)技术动作争取做规范。

第三章 武术之气功健身

武术气功融合了形体活动、呼吸吐纳、心理调节等运动形式，是一类综合性的武术健身项目，其主要作用在于健身与保健，也正因如此，广大群众特别是中老年群体对此十分喜爱。本章重点分析武术气功中的五禽戏、六字诀、八段锦、十二段锦及易筋经五个气功项目，分别阐述其健身功效和健身方法，以指导人们科学参与武术气功健身锻炼，提高锻炼效果和健康水平。

第一节 五禽戏

一、五禽戏健身功效简述

"五禽戏"是模仿虎、鹿、熊、猿、鸟五种动物的神态及代表性动作而形成的一套健身功法。这套功法的健身作用与功能如下。

首先，五禽戏锻炼从四肢面骸引申到五脏六腑，可使机体各部分功能得到改善，使经络畅通，筋骨强健，关节更灵活，达到强身健体的效果。五禽戏中躯干动作较多，能有效促进血液循环，调节内脏器官，防治脊柱畸形。

其次，五禽戏练习强调意念的作用，使人产生返璞归真的感觉，这种意境对改善与增强人体各个器官机能具有重要意义。意念的张弛交替可以充分锻炼人的"神"，使人有更好的修养。

最后，五禽戏以腹式逆呼吸为主，可促进腹肌和肠肌力的增强，同时能改善胃的活动能力，加强呼吸功能，促进肺循环。此外，五禽戏要求的腹式呼吸结合了意识的调节。有意识地呼吸可使人体神经系统得到调节，从而改善人体内脏活动，促进内脏器官机能水平提高。

二、五禽戏健身动作方法指导

(一)预备势

(1)双脚并拢自然站立，眼睛注视正前方。
(2)左脚向左移动一步，双脚开立，调整呼吸，意守丹田。
(3)屈肘提臂至胸前。
(4)外展双肘，两掌内翻并置于腹前。
(3)(4)重复2遍，之后双手还原起始姿势。

(二)虎戏

1.虎举

(1)双手十指成虎爪状，看向两掌方向。
(2)两掌变拳并上提至与肩齐平的高度，十指撑开举到头顶。
(3)掌变虎爪，外旋再变拳，拳心相对。
(4)两拳下拉到肩膀的高度时变掌下按到腹前，十指撑开，掌心朝下。
(1)~(4)重复3遍，然后两手还原起始姿势。

2.虎扑

(1)两掌变空拳并上举到肩部以上的高度。
(2)双手向上、向前划弧，十指成虎爪状，掌心朝下，同时挺胸塌腰。

(3)含胸,屈膝下蹲,同时双手向下划弧,掌心朝下。直膝送髋并后仰,两掌变拳提到胸两侧。

(4)屈左膝,两手举起,向前一步迈左脚,脚跟着地;屈右膝并下蹲。上体向前倾,拳变虎爪状向膝前扑,掌心朝下。随后保持正常的开步站立姿势。

(5)~(8)的动作同(1)~(4),左右方向相反。

(三)鹿戏

1. 鹿抵

(1)屈双膝,右腿支撑体重,左脚向左前方迈一步,脚跟着地。同时向右转体,掌变拳摆向右方与肩齐平的高度。眼睛看向右拳方向。

(2)向前移动身体重心,屈左膝,右腿伸直。同时,向左转体,拳变鹿角状,向上、左、后方向画弧,然而伸展左臂,肘体在左腰侧紧贴;向头前方举右臂,同时向左后方伸抵。向右转体成开步站立姿势,双手自然落于体前。

(3)~(4)动作同(1)~(2),左右相反。

(5)~(8)动作同(1)~(4)。

以上8个动作重复1遍。

2. 鹿奔

(1)做左弓步姿势,同时掌变拳向体前举,直至与肩齐平,两拳距离同肩宽。

(2)重心后移,左腿直膝,整个脚掌着地,屈右膝。低头,弓背,收腹。同时两掌前伸变"鹿角"状的拳。

(3)重心前移,直腰挺背做左弓步姿势。"鹿角"变空拳,举到与肩齐平的高度。

(4)自然开立,拳变掌。

(5)~(8)动作同(1)~(4),左右相反。

(四)熊戏

1. 熊运

(1)两掌握空拳成"熊掌"状并置于腹部。
(2)上体以腰腹为轴顺时针摇晃,两拳顺势画圆。目随上体的摇晃而转动。
(3)~(4)的动作同(1)~(2)。
(5)~(8)的动作同(1)~(4),左右方向相反。
之后两拳变掌,自然下垂。

2. 熊晃

(1)右移重心,提左髋,屈左膝,左脚离地。两掌变"熊掌"。
(2)前移重心,左脚向左前方迈一步,整个脚掌着地;伸直右腿。同时身体向右侧转动,左拳向左膝前上方摆;右拳向身体后摆动。
(3)向左转体,后移重心,屈右膝,直左膝。同时拧腰晃肩,右拳向左膝前上方摆动,左拳向身体后摆动。
(4)向右转体,前移重心。屈左膝,直右膝。同时左拳向左膝前上方摆,右拳向体后摆。
(5)~(8)的动作同(1)~(4),左右方向相反。

(五)猿戏

1. 猿提

(1)自然伸展十指并变"猿勾"状。
(2)两掌上举到胸部前,同时提脚跟,左转头。
(3)两肩下沉,脚跟着地,头摆正。同时"猿勾"变掌。
(4)两掌下按并自然放在身体两侧。
(5)~(8)的动作同(1)~(4),只是头要转向右侧。

第三章 武术之气功健身

2. 猿摘

(1)左脚后退,脚尖着地,屈右膝,重心移到右腿。同时,屈左肘,左掌成"猿勾"置于左腰侧;右掌自然摆到右前方。

(2)后移重心,左脚全脚掌着地,屈左膝并下蹲,右脚做右丁步姿势。同时,右掌提到头左侧。

(3)右掌按至左髋侧,右脚向右前方迈一大步,蹬伸左腿,脚尖着地,重心前移,右腿伸直。同时,右掌举到体侧肩部的高度变"猿勾";左掌向前上方举,保持采摘势。

(4)后移重心,左掌成"握固";右手变掌自然置于体侧。随后屈左膝下蹲;右脚保持右丁步姿势。同时,左手成托桃状,右掌在左肘下捧托。

(5)~(8)的动作同(1)~(4),左右方向相反。

(六)鸟戏

1. 鸟伸

(1)微屈两腿并下蹲,两掌相叠于腹前。

(2)向头前上方举起两掌,上体稍前倾,提肩缩颈,挺胸塌腰。

(3)两掌相叠置于腹前。

(4)右移重心,双腿伸直,向后方抬左腿。同时左右掌成"鸟翅"摆向体后,抬头伸颈,塌腰挺胸。

(5)~(8)的动作同(1)~(4),但左右方向相反。

2. 鸟飞

(1)屈双腿,两掌成"鸟翅"在腹前相合。直右膝,屈左膝并向上提左腿,小腿下垂。同时,两掌成展翅状侧平举。

(2)左脚下落,微屈两腿。两掌合于腹前。

(3)直右膝;屈左膝并上提,小腿下垂。同时,两掌向头顶上方举起。

(4)左脚下落,微屈两腿。两掌合于腹前。

(5)~(8)的动作同(1)~(4),但左右方向相反。

(七)收势

五禽戏的收势主要是要引气归元,缓和气息。

(1)两掌举向头顶上方举起。

(2)两掌逐渐下按至腹前。

(1)(2)重复2遍。

(3)两手缓慢地在体前划平弧,高度约与脐齐平。

(4)两手合拢于腹前,闭眼静养,调整呼吸,保持几分钟。

(5)睁眼,双手合掌搓擦直到感觉有热度。

(6)双手手掌擦摩面部,做3~5遍。

(7)两掌自然下垂。

(8)恢复成预备势。

第二节 六字诀

一、六字诀健身功效简述

六字诀要求入静,入静时精神内守,放松身体,意识平静,心无旁骛,身体处于非常平和、安静的状态,这有助于达到精神饱满,意识敏锐,身心愉悦的效果,也能提高人的觉悟能力和认知能力,实现身心健康。

二、六字诀健身动作方法指导

(一)预备势

双脚自然开立,脚间距离约同肩宽。

第三章 武术之气功健身

(二)起势

(1)十指相对向胸前托起。
(2)手掌内翻,并慢慢下按到肚脐的高度。
(3)双膝弯曲并下蹲;向前拨手掌,直到两臂成圆。
(4)两掌收至肚脐前,虎口交叉,自然呼吸。

(三)嘘字诀

(1)两手分开置于两腰侧,小指与腰际轻贴。
(2)向左90°转体;右掌向左穿出,与肩齐平,同时口吐"嘘"字音;双目睁圆。
(3)右掌收回,身体转正。
(4)动作同(2),左掌穿出,方向相反。
(5)右掌收回,身体转正。
左右穿掌各3次,共吐6次"嘘"字音。

(四)呵字诀

(1)微提双手小指,指尖朝斜下方。双腿弯曲并下蹲,两掌同时向前插出,两臂肘部微屈。
(2)收臂,双手成"捧掌",置于肚脐前。
(3)直膝屈肘,两掌置于胸前位置。
(4)两臂肘部外展到与肩前;两掌内翻。然后两掌慢慢下插,同时口吐"呵"字音。
(5)双手手掌向肚脐前下插,膝微屈并向下蹲;同时,两掌向前慢慢拨出直到两臂成圆。
(6)两掌于腹前成"捧掌"。
(7)直膝屈肘,两掌还原胸前。
(8)肘部外展到肩前;两掌内翻。然后两掌慢慢下插,同时口吐"呵"字音。

(5)~(8)的动作重复4次。共吐6次"呵"字音。

(五)呼字诀

(1)两掌外旋内翻,掌心对着肚脐,张开十指。

(2)直膝;两掌向肚脐慢慢合拢,与肚脐相距大约10厘米的距离。

(3)弯曲膝部并下蹲;两掌同时外展直至两臂成圆形,口吐"呼"字音。

(4)慢慢直膝;同时,两掌朝肚脐慢慢合拢。

(3)(4)动作重复5次。共吐6次"呼"字音。

(六)呬字诀

(1)双掌自然下落。

(2)慢慢直膝;同时,两掌向胸前缓缓托起。

(3)两肘自然下落,在肩前立掌。两肩胛骨靠向脊柱,展肩扩胸,藏头缩项。

(4)稍弯曲膝部并下蹲,同时耸肩,慢慢向前推两掌,掌心朝推掌方向,同时口吐"呬"字音。

(5)掌心向内,双掌间距离约同肩宽。

(6)缓缓直膝,同时双肘弯曲,两掌向胸前收拢到。

(7)两肘自然下落,在肩前立掌。两肩胛骨靠向脊柱,展肩扩胸,藏头缩项。

(8)稍弯曲膝部并下蹲,同时保持肩部的放松,慢慢向前推两掌,掌心朝推掌方向,同时口吐"呬"字音。

(5)~(8)的动作重复4遍。共吐6次"呬"字音。

(七)吹字诀

(1)向前推两掌,掌背朝上。

(2)两臂侧平举,指尖朝向外侧。

第三章　武术之气功健身

(3)手掌向后划弧,直至手掌位于腰后。

(4)稍微弯曲膝部并下蹲;两掌向下滑动,同时口吐"吹"字音,肘部弯曲、手臂提起在腹前环抱。

(5)缓缓直膝;同时收回两掌。

(6)双手手掌向后摩运到后腰部。

(7)同动作(4)。

(5)~(7)的动作重复做4次。共吐6次"吹"字音。

(八)嘻字诀

(1)双手手掌自然下落;然后内旋外翻。

(2)缓缓直膝;手肘同时提到胸前。随后,继续向面前提双手,到面前后两臂成弧形。

(3)肘部弯曲收回到胸前达约与肩齐高的高度。然后双膝慢慢弯曲并下蹲;同时两掌按于肚脐前。

(4)双手手掌继续向下、向左由外分至左右髋旁约15厘米,同时口吐"嘻"字音。

(5)左右掌的掌背相对合于小腹前。

(6)同动作(2)。

(7)同动作(3)。

(8)双手手掌顺势外开到距离髋约15厘米的位置,同时口吐"嘻"字音。

(5)~(8)的动作重复4次。共吐6次"嘻"字音。

(九)收势

(1)两掌在腹前慢慢合抱,虎口交叉;同时缓缓直膝;稍静养一会。

(2)左右手掌轻揉腹部12圈,顺时针、逆时针各6圈。

(3)手臂自然落于体侧。

第三节　八段锦

一、八段锦健身功效简述

八段锦分为八式，每一式都与调理脏腑、预防疾病有关。每式练习都强调上下肢协调配合，自然连贯，这有助于疏经通络，消结化淤，增力补钙，保津益气，畅通气血，减脂降压，疏筋柔体，强体增智。

八段锦锻炼可同时调息、调心、调身，有助于锻炼元气，祛病强身，增强体质。通过八段锦锻炼还可促进高级神经活动能力的提高，改善神经系统功能。

此外，八段锦锻炼过程中，腹式深呼吸可促进肠胃蠕动，从而改善消化功能与吸收功能。长时间进行八段锦练习还能减脂降压、固肾壮腰，提高和改善柔韧性。

二、八段锦健身动作方法指导

（一）预备势

健身动作方法（图 3-1）：
(1)直立,双脚并拢。
(2)两脚左右开立,重心移到右脚。
(3)两臂左右两侧摆动,齐髋高。
(4)上动不停。稍屈膝降重心；两臂同时外旋合抱于腹前,两掌指间相距10厘米左右。

图 3-1

第三章 武术之气功健身

(二)两手托天理三焦

健身动作方法(图 3-2)：

(1)接预备式,两臂外旋稍向下落,十指分开于腹前并交叉。

(2)膝盖慢慢伸直；同时两掌上托到胸前,随之托起两臂,抬头。

(3)两臂继续向上举起；同时下颌内收。

(4)膝关节微屈,缓慢下移身体重心；同时,十指分开,两臂自然下落,两掌置于腹前。

托举、下落为一遍,反复练习 6 遍。

图 3-2

(三)左右开弓似射雕

健身动作方法(图 3-3)：

(1)接上式,身体重心向右移动；两掌于胸前交叉,目光注视正前方。

(2)马步姿势；右掌变"爪",右臂屈于肩前；左掌变八字掌,向左推出,齐肩高,姿势犹如拉弓射箭。

(3)身体重心右移；右手爪变掌,向上、向右画弧,直至与肩齐高；左手变掌,掌心斜向后。

(4)身体重心继续右移,两脚并拢；两掌捧于腹前,目光注视正前方。

(5)～(8)与(1)～(4)的动作相同,方向相反。

一左一右为一遍,反复练习 3 遍。

图 3-3

(四)调整脾胃须单举

健身动作方法(图 3-4):

(1)接上式,膝盖伸直;左掌向上托起,左臂举到头左上方,稍屈左肘。同时,右掌向上托,右臂内旋置于右髋旁,稍微弯曲右肘关节,目光注视正前方。

(2)松腰沉髋,重心下移;稍屈膝关节;同时,左肘关节微屈,左掌置于腹前,右臂外旋,右掌捧于腹前,双手十指尖相对,目光注视前方。

(3)(4)与(1)(2)相同,方向相反。

一左一右为一遍,反复练习 3 遍。

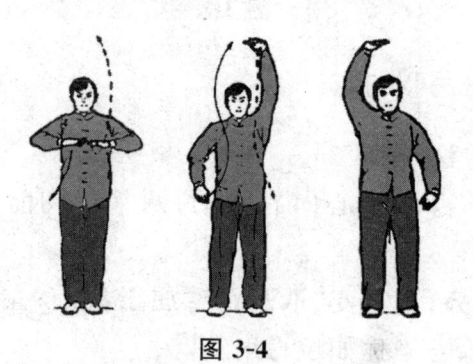

图 3-4

(五)五劳七伤往后瞧

健身动作方法(图 3-5):

(1)接上式。同时伸直膝关节和肘关节;目光看向前方。上动不停,两臂向外旋动;头后转,稍停;目视左后方。

(2)松腰沉髋,下移身体重心;膝关节微屈;同时,两臂内旋置

· 90 ·

于髋旁；目光注视前方。

（3）同（1），方向相反。

（4）同（2）。

一左一右为一遍，反复练习3遍。

图 3-5

（六）摇头摆尾去心火

健身动作方法（图3-6）：

（1）接上式。左移重心，自然开步而立；同时，将两掌上托到头上方，肘关节稍微弯曲，目光注视前方。

（2）上动不停，半蹲马步；同时，两臂自然下落，两掌在膝关节上方扶好，肘微屈。

（3）重心右移；上体向右侧倾斜，俯身；目视右脚方向。

（4）上动不停。左移重心；同时，上体从右向前、向左缓缓旋转；目视右脚方向。

（5）重心右移，马步站姿；同时，头向后摇，上体直立，下颌微收；目光注视前方。

（6）~（8）同（3）~（5），方向相反。

图 3-6

本式一左一右为一遍,反复练习3遍。

(七)双手攀足固肾腰

健身动作方法(图3-7):

(1)接上式,伸直膝关节;同时,两臂举向前上方,两臂伸直,目光注视前方。

(2)两掌掌心相对,肘关节微屈,两掌落于胸前,目光注视前方。

(3)上动不停。两臂外旋,左右手手指沿腋下向后插;目光注视前方。

(4)左右手掌的掌心向下摩运到臀部位置;俯身,两掌继续摩运直到脚面;抬头,稍停。

(5)两掌沿地面前伸,随之向上举起手臂到头顶,身体渐渐还原,目光注视前方。

本式一上一下为一遍,反复练习6遍。

图3-7

(八)攒拳怒目增气力

健身动作方法(图3-8):

接上式,重心右移,开步;半蹲马步;同时,两掌握固放在腰侧,目光注视前方。

(1)左冲拳,拳眼向上;目光注视冲拳方向。

(2)左臂内旋,左拳变掌。左臂外旋,肘微屈;左掌向左缠绕并变拳,拳心朝上;目光注视左拳方向。

(3)肘弯曲,左拳放在腰间,拳眼朝上;目光注视正前方。

(4)~(6)同(1)~(3),方向相反。

本式一左一右为一遍,反复练习3遍。

图 3-8

(九)背后七颠百病消

健身动作方法(图3-9):

(1)接上式。向上提踵;头上顶,稍停。

(2)脚跟落地。

一起一落为一遍,反复练习7遍。

图 3-9

(十)收势

(1)接上式,两臂摆向左右两侧,与髋齐高。

(2)肘关节弯曲,两掌于丹田相叠。

(3)两臂下落。

第四节　十二段锦

一、十二段锦健身功效简述

十二段锦是古代导引术，共有十二段动作，每段动作都具有健身意义。练习十二段锦功法套路要求呼吸与动作相协调配合，这有助于改善人的呼吸机能。十二段锦具有意形相随的特点，"意"指的是思想活动，在练习中意守的内容与套路动作紧密结合，可使身心高度放松，情绪安定，排除杂念，促进神经脉络通畅，提高脏腑功能，从而有效防治疾病。十二段锦也强调形神共养，这有助于调养精神，使经脉畅通。此外，十二段锦套路动作包括俯仰、屈伸、折叠、绕转等，这些动作要以脊柱为核心来完成，可使身体肌肉、韧带、骨骼、关节得到有效的梳理，提高肢体灵活性、协调性，促进体魄强健。

二、十二段锦健身动作方法指导

（一）预备势

(1) 并立，身体中正。
(2) 稍屈右膝，左脚后撤，前脚掌点地。
(3) 屈膝降低重心，俯身使十指触地。
(4) 右脚插到左小腿左下，脚外侧触地。
(5) 上动不停，重心左移，正身盘坐，双手在两膝内侧。

（二）冥心握固

(1) 双手分别向前伸展45°，双臂外旋举到斜上方，屈肘，抬头。
(2) 下颏内收，两臂内旋，双手前平举。

第三章　武术之气功健身

(三)叩齿鸣鼓

(1)双手由拳变掌内旋,两臂体侧平举,掌心朝前。

(2)屈肘,手掌变通天指,中指将耳孔掩住,叩齿36次。

(3)中指从耳孔离开,目视前下方。

(4)按住耳孔,十指轻扶头后,食指放在中指上弹击后脑24次。

(5)双手离开按在腹部前方,目视前方。

(四)微撼天柱

(1)向左转体约45°,双臂侧平举,掌心朝后,目视左手掌。

(2)向右转体,两臂前平举,左掌在上,右掌在下。

(3)左掌下按,双手腹前相合。

(4)头左转,手掌右移至大腿内侧。

(5)左肩下沉,左掌根将右掌向下压,抬头,稍停。

(6)下颏内收,向右转体45°,双臂侧平举,掌心朝后。

(7)~(10)重复(2)~(5)的动作,方向相反。

本式一左一右为一遍,共做3遍,第三遍最后一动时,下颏内收,头摆正,双手右移,屈肘放在腰侧,目视前方。

(五)掌抱昆仑

(1)两肩舒展,手臂伸直上举,掌心相对。

(2)屈肘,十指交叉合抱于脑后。

(3)上体45°左转。

(4)双手抱头不动,上体向右倾斜。

(5)上体恢复,目视左前方。

(6)身体转正,眼看前方。

(7)~(10)重复(3)~(6),方向相反。

(11)抬头,目视前上方。

(12)肘部相合,下颏内收,抱头下按。

(13)双手与两颊贴紧向下移动,掌根与下颌贴紧。

(14)抬头,双手向上托下颌。

(15)下颌内收,双手下按到腹部,手臂收放在腰间。

共做3遍,第三遍最后一动时,双手按到腹前后握拳抱腰,目视前方。

(六)摇转辘轳

(1)两拳移到腰后肾俞穴处。

(2)向左转体45°,同时左拳提到左肩前。

(3)向右转体,上体向左倾斜,左腕上翘并伸向左前方,屈肘。

(4)向左转体,左拳收回腰间,屈腕。

(5)~(7)重复(2)~(4),方向相反。结束时,向左转体,右拳收到腰后肾俞穴处。

(8)舒肩扩胸,肩膀先上提再下沉,向前绕肩6次,结束后上体保持直立。

(9)向后绕肩6次,结束后,上体直立。

(10)由拳变掌,虎口贴肋提到肩上,肩下沉、肘下坠。

(11)向左转体,右臂前摆,左臂后摆。

(12)身体摆正,双臂上摆。

(13)向右转体,左臂前摆,右臂后摆。

(14)上体摆正,双臂垂下。

(11)~(14)前后连续交叉绕肩6次。

(15)~(18)重复(11)~(14),前后连续交叉绕肩6次。方向相反。

(七)托天按顶

(1)两臂抬到同肩高。

(2)虎口贴肋下插到髋关节。

(3)上臂外旋,掌心贴在大腿外侧下移,将膝上托。

(4)右腿前伸,稍屈膝。

(5)左腿前伸,双手扶膝。

(6)双臂外旋,手掌收到腹前,十指交叉。

(7)双手向上拖到胸部,手臂内旋,翻掌直臂上托,膝伸直,脚面水平。

(8)肩下沉,肘弯曲,两手掌心翻转降到头顶,两手下压,同时勾脚尖。

(9)双臂内旋,掌心翻转向上,直臂上托,直膝,脚面水平。

两掌上托下按为一遍,反复做9遍,第9遍最后一动的动作与(8)相同。

(八)俯身攀足

(1)两臂上举,踝关节放松,脚尖朝上。

(2)身体稍前俯,双手抓握脚掌,拇指压在脚面。

(3)上手回搬,脚尖勾紧,挺膝,塌腰,抬头。

(4)抻拉双腿、腰脊,下颏内收。

(5)上体直立,双手松开,屈肘回收,经腰间手臂伸直向后伸展,掌心朝后。

(6)身体稍前俯,双臂外旋,双手抓握脚掌,拇指压在脚面。

(7)~(8)重复(3)~(4)。

(5)~(8)重复6遍,第六遍结束后,端坐,双手松开扶膝。

(9)左臂向右平行划弧线,右掌向左平行划弧,双臂在腹前相合。

(10)左臂内旋,左掌按在左大腿根,上体前俯,右掌伸展反手握左脚掌。

(11)上体恢复,两膝稍屈,右手将左脚搬至右大腿下方。

(12)右掌向左方向划弧,左掌向右平行划弧,在胸前相合。

(13)右掌按在右大腿根部,上体前俯,左臂内旋,左掌前伸握右脚。

(14)上体恢复,左膝稍抬,右膝稍屈,左手将右脚拉到左大腿下方。

(15)直立端坐,左掌收回,目视前下方。

(九)背摩精门

(1)上体前俯,双掌后展。
(2)手掌在体侧平行摆动。
(3)上体恢复,双手弧形前摆成前平举。
(4)双手在胸前合掌,指尖朝上。
(5)双掌拧翻落在腹前,左手在上,右手在下。
(6)双掌相合上提,继续拧翻置于腹前,右手在上,左手在下。

动作(5)(6)左右手上下拧转翻落再做7次,共9次,第9次左手在上。

(7)左臂、右臂分别外旋、内旋,两手在腹侧向后摩运到后腰,然后手指朝下。
(8)双手在后腰上下摩擦,目视前下方。一下一上为一遍,共做24遍。

(十)前抚脘腹

(1)双手上提贴至肋前并摩擦到胸下,指尖相对。
(2)双手指尖朝下顺腹部向下摩运。
(3)双手向两侧摩运,指尖斜相对。
(4)双手指尖斜向下沿肋部向上摩运到胸部下方。

本式一上一下为一遍,共做6遍,第6遍最后一动时,两手沿腹前继续摩运,指尖朝下。接着反方向摩运,共做6遍。

(十一)温煦脐轮

(1)双手在肚脐处叠在一起,左手在里,眼微闭,连续5分钟意守肚脐。
(2)睁眼,双手沿顺时针、逆时针方向分别在腹部摩运3圈。

(十二)摇身晃海

(1)双手伸展扶膝。
(2)双眼垂帘,上体向左倾斜,顺时针绕转6圈,最后一圈结束后继续绕到体前,端坐。

(3)上体换向另一侧倾斜,逆时针绕转6圈,最后一圈结束后继续绕到体前,端坐。

(4)睁眼,目视前方。

(十三)鼓漱吞津

(1)双手从腰间向两侧划弧,掌心朝后。

(2)双手合抱于腹前,指尖相对。

(3)双手回收到与肚脐接近时握固,落在大腿根部,拳眼朝上。

(4)唇口轻闭,舌尖从右向上、左、下在口腔内绕转一圈,然后移出牙齿外,贴住牙龈从右向上、左、下绕转一圈,一内一外为一遍,共做6遍。

(5)舌尖沿着相反方向绕转,一内一外为一遍,共做6遍。

(6)两腮鼓漱36次。

(7)两手由拳变掌上举到胸前。

(8)双臂伸直上举,掌心朝外。

(9)双手握固,拳心相对。

(10)两拳下拉到大腿根部,拳眼朝上,同时吞咽口中三分之一的津液,用意念送到丹田。

(7)~(10)重复3遍,每次吞咽三分之一津液,分三次吞完。

第五节　易筋经

一、易筋经健身功效简述

易筋经通过活动全身肌肉、筋骨,使全身气血和经络通畅,从而达到强身健体、祛病延年的效果。易筋经的健身功能具体表现在以下几方面:

首先,全身运动,强筋健骨。在易筋经锻炼中,要充分屈伸或扭转四肢、躯干,从而牵拉周边骨骼及关节,使身体的活动呈现出多角度、多方位的特征,长期练习可使机体组织的柔韧性、灵敏性得到提高,还可促进新陈代谢,强健筋骨。

其次,祛疗病疾,调理生理功能。练习易筋经可加强血液循环,对内脏功能进行改善,延缓衰老,并使呼吸系统、心血管系统、消化系统等系统疾病以及头晕、头痛、失眠等病症得到有效的预防与治疗。而且,易筋经练习中要保持全身放松,思想宁静,这有助于预防或治疗生理功能失调,祛疾健身。

最后,平衡阴阳,畅通气血。易筋经锻炼可促进人体气血的运行,可调节与改善气血运行状态。使"气"更好地发挥温养肌肤、抵御外邪的作用,使"血"充分发挥滋润全身的作用,从而实现形神统一、强身健体的目的。

二、易筋经健身动作方法指导

（一）预备势

双脚并拢自然站立,下颏微微内收,向正前方直视。

（二）韦驮献杵第一势

健身动作方法(图3-10)：
(1)左脚向左方移半步,弯曲两膝。
(2)两臂向前抬,直至两臂平行,掌心相对。
(3)两臂肘自然弯曲并内收,两掌收于胸前,看向前下方。

图 3-10

（三）韦驮献杵第二势

健身动作方法(图3-11)：
(1)抬起两肘,两掌伸直,掌心朝下,手指相对。

(2)前伸两掌,指尖朝前。

(3)两臂向两侧方向平举,指尖朝外侧。

(4)五指并拢,坐腕立掌,向前下方看。

图 3-11

(四)韦驮献杵第三势

健身动作方法(图 3-12):

(1)向前平举两臂并内收,收到与胸齐高后平屈,掌心向下,直视前下方。

(2)两掌内旋,两掌外翻至脖颈,掌心向上,虎口相对,外展两肘,直到与肩部齐平。

(3)身体重心移到双脚前脚掌,脚后跟提起。上托两掌到头顶上方,掌心朝上,肩外展,咬紧牙关。

(4)安静站立片刻。

图 3-12

(五)摘星换斗势

以左摘星换斗势为例(图3-13)：

(1)脚跟落地,双手成拳状,拳心向外,两臂侧上举。拳变掌,掌心对着斜下方,向前下方直视。

(2)左转身体,弯曲膝盖。右臂向上举起做"摘星"姿势,右掌自然张开;左臂摆到体后,左手背与命门轻贴。看向右掌。

(3)直膝转体。右手向头顶右上方摆,放松手腕,肘部稍微弯曲,掌心朝下面,手指朝左,中指尖与肩井穴是垂直关系;左手背与命门轻轻贴住。目随手动,向掌心方向直视。

(4)保持片刻,然后两臂自然伸展到体侧。

图 3-13

(六)倒拽九牛尾势

以右倒拽九牛尾势为例(图3-14)：

(1)屈膝,右移重心,左脚后撤;右脚跟内转,右腿保持右弓步的动作姿势。左手内旋,沿着向前、向下的轨迹划弧后伸直,五指依次收回保持拳的姿势,拳心朝上;右手向前上方划弧直至与肩齐高时握拳,拳心朝上。看向右拳方向。

(2)重心向后移,屈左膝,向右转腰,左右臂分别内旋与外旋,肘部弯曲收回。看向右拳方向。

(3)重心往前移,做弓步动作。左转腰部,两臂一前一后伸展。看向右拳方向。

第三章　武术之气功健身

(2)(3)重复3遍。

(4)向右脚方向移重心,收回左脚成开立。两臂在身体两侧自然下垂。看向前下方。

图 3-14

(七)出爪亮翅势

健身动作方法(图 3-15):

(1)向左脚方向移动重心,收回右脚成开立。左右臂分别内旋、外旋,成侧平举,两掌的掌心向前,两掌于体前做怀抱姿势,掌心朝前,随后两手成柳叶掌姿势立在云门穴前,指尖朝上。看向前上方。

(2)扩胸松肩,两臂前伸,掌心慢慢朝前,成荷叶掌,指尖朝上面,双眼瞪着前方。

(3)放松手腕,弯曲肘部,臂部收回,成柳叶掌。看向前下方。

(2)(3)重复3~7遍。

图 3-15

(八)九鬼拔马刀势

以右九鬼拔马刀势为例(图 3-16):

(1)右转上体。左右手分别内旋、外旋。右手收回并向后伸展,掌心朝外。左手向前上方伸展,掌心向外。左转上体。右手摆到头前上方,肘弯曲,向左绕头半圈;左手向头的左后方摆动,肘弯曲。头部向右转动,右手中指将耳廓按压,手掌扶按玉枕。看向左后方。

(2)右转上体,展臂扩胸。向右上方直视,稍停片刻。

(3)屈膝并向左转体,右臂向内侧收回,含胸;左手沿着脊柱尽可能向上推动。眼睛向右脚跟看。

(2)(3)重复3遍。

(4)直膝转体。双手手臂侧平举,掌心向下。

图 3-16

(九)三盘落地势

健身动作方法(图 3-17):

(1)双脚开立,弯曲膝盖并稍蹲下。两掌下压到与环跳穴齐平,屈肘。

(2)掌心朝上,肘部稍弯曲,保持侧平举姿势。身体慢慢保持直立。看向前下方。

图 3-17

(1)(2)重复 3 遍。第 1、2、3 遍分别为微蹲、半蹲和全蹲。

(十)青龙探爪势

以左青龙探爪势为例(图 3-18)：

(1)收左脚,保持开立姿势。两手握固向腰间收回,拳心朝上。看向前下方。右手拳变掌,右臂伸直并外展,掌心朝上。

(2)右肘和右手腕弯曲,右掌成"龙爪",向左平直伸出,眼睛随手的移动而转动。躯干左转 90°左右。

(3)"右爪"变掌,向左前方弯曲身体,掌心向下按到左脚的外侧。躯干从左向右转动。

(4)上体直立。右拳向章门穴位置收回。

图 3-18

(十一)卧虎扑食势

以左卧虎扑食势为例：

(1)右脚尖内扣,左脚向右脚内侧收回。身体左转 90°左右,两手握固于腰间。

(2)左脚前迈,两拳提到肩部同时变"虎爪"向前扑按。

(3)逐渐屈伸躯干,重心随之移动。两手同时绕环一周。然后上体下俯,两手到地面。屈后腿膝部,稍抬前脚跟。然后挺胸、抬头、瞪目。

(4)上体直立,两手置于腰间。向后移重心,左脚尖内扣,向左移重心,向右 180°转体,右脚随之移动成丁步姿势。

右卧虎扑食势动作同左卧虎扑食势,方向相反,如图 3-19

所示。

图 3-19

(十二)打躬势

健身动作方法(图 3-20)：

(1)起身,后移重心,双脚开立。两手自然外旋成外侧平举,肘部弯曲,两掌掩耳,十指在枕部扶按,鸣天鼓 7 次。

(2)从头部开始慢慢向前弯曲,直至成俯身姿势,两腿伸直。

(3)上体由骶椎开始慢慢伸直,两掌做掩耳状,十指在枕部扶按。

(2)(3)重复 3 遍。

图 3-20

(十三)掉尾势

健身动作方法(图 3-21)：

(1)双手离耳,展臂前伸,十指交叉,掌心朝内。肘弯曲,翻掌向前伸直,掌心朝外。肘部屈,掌心朝下置于胸前。俯身抬头,两手下按。

(2)向左后方转头,左前方扭动臀部。

(3)两手交叉还原到体前屈的姿势。

(4)向与第一次相反的方向转头、扭臀。

(5)两手交叉还原成体前屈。

(2)～(5)重复3遍。

图 3-21

(十四)收势

(1)两臂外旋,上体直立。两臂向上举起,肘稍屈,掌心朝下。眼睛注视前下方。

(2)两臂内收,两掌置于腹部,掌心朝下。

(1)(2)重复3遍。

(3)两臂自然下垂,双脚并立。

第四章　武术之太极健身

作为一类以"入静"为主的健身方法,太极健身在防治各种疲劳症状如头晕、乏力、失眠、焦虑、精神不振等方面具有重要的作用。这也是太极健身深受大众喜爱的一个原因,是太极健身得以广泛传播的一大优势,而且这一优势是其他健身方式无法比拟的。现代社会中,文明病越来越多,亚健康人口不断增加,面对这些严峻的社会健康问题,利用太极健身保健无疑是最合适的方式之一。本章主要选取太极站桩功、太极操、太极拳、太极剑以及太极推手等常见太极健身项目作为研究对象,分析这些项目的健身功效,阐析其健身动作要领与方法,以期提供指导。

第一节　太极站桩功

一、太极站桩功健身功效简述

太极站桩功一直以来都是武术健身锻炼中非常重要的一项练习内容与方法。

古人在观察大自然的过程中,发现虽然大树从外在来看是静止的,但内部却在不断生长,慢慢从小树苗长成参天大树。在此启发下,站桩功这套虽外形静止不动但能锻炼内在的练习方法逐渐被探索出来。站桩功动静相兼、内外温养,在调和气血、疏经通络、锻炼形体、助长精神等方面的健身功效非常突出。

第四章　武术之太极健身

现代医学专家指出，通过练习站桩功，可以促进血液循环和新陈代谢，还可以有效锻炼全身肌肉，达到锻炼形体，休养心神的内外协调的效果。

站桩功动作方法简单，健身者可自己掌握练习时间，最少5分钟，最多60分钟。但不要在饭前、饭后1小时内进行锻炼，锻炼中不能急于求成，要循序渐进。

站桩功锻炼对场地没有特别的要求，强身健体、防治疾病的功效非常显著。锻炼中不受地点、时间的限制，而且不同年龄、性别的健身者只要科学锻炼，都会取得好的健身效果。

二、太极站桩功健身动作方法指导

在太极站桩功锻炼中，常见的练习姿势与方法有站式练习法、坐式练习法、卧式练习法、行走式练习法、半伏式练习法等。下面主要就前两种练习方法展开分析。

（一）站式练习

以撑抱式站姿练习为例。

两脚分开呈八字形，脚间距离同肩宽。两脚支撑体重，平均用力，稍屈膝，臀后坐，上身正直不动，微微向后展肩，两手放到胸前高度，掌心朝里，动作就像抱着一颗球，左右手手指之间大约间隔两拳的距离，头端正，目视前方，微张嘴，虚腋，肩放松下沉，坠肘，手腕放松，全身处于放松但不松懈的状态，面部表情似笑非笑。

（二）坐式练习

坐式练习方法是站式练习的一种辅助方法。一般来说，残疾人士或病情较重，但身体依然有一定承担能力的人适合进行此项健身练习。

采用坐式练习法时，在椅边端坐，上身正直，双目自然闭上，微张嘴。两脚左右平行分开,脚间保持大约四拳的距离,大小腿保持垂直,双手置于大腿根部,指尖朝斜前方,臂半圆,腋半虚,全身保持放松。

第二节 太极操

一、太极操健身功效简述

太极操作为一类健身操,适合大众参与,健身效果好,对青少年、上班族来说尤其如此。有人将太极操看作是武术的体操化改编,也有人认为这是体操的武术化创新,这两种说法都没有错,现在这种运动形式已经受到了广大健身爱好者的喜爱。

有很多外国人对我国的太极拳和传统修身养性文化非常感兴趣,而太极操的出现正好为他们架起一座桥梁,使他们从中对我国太极拳的动作韵味有了一定程度的了解与体会。太极操的整套动作融合了各种舞蹈动作和武术动作,具有以意领气、以气引动、形断而意不断、体停而气不停的特征,对提高健康水平、塑造形体有重要的意义,既有舞蹈的健身功能,又有武术的养生价值。

总之,作为一个全新的大众健身形式,太极操深受大众欢迎,对提高大众健康水平具有重要意义。

二、太极操健身动作方法指导

太极操共有以下八组动作。

(一)调息运动

1~2拍:两脚分开,屈膝下蹲成马步姿势,两臂在身体两侧平

第四章 武术之太极健身

举,目视左手(图 4-1)。

3~4 拍:双手置于胸前犹如抱球状,目视掌心(图 4-2)。

5~6 拍:两臂向前举,手外旋翻掌,手心朝下。

7~8 拍:左脚并向右脚成正步姿势,同时两臂下移置于体侧。

图 4-1　　　　　　　　图 4-2

(二)暖身运动

1~2 拍:左臂伸向身体左前方,右臂在身体右侧向上举,同时向左 45°转体,右膝微屈,左脚向左侧 45°方向移动一步(图 4-3)。

3~4 拍:身体左转,大约 45°,左腿支撑重心,右臂在腹前屈肘,左臂向上托掌,右腿后侧掖步。

5~6 拍:右脚向右前方移动一步,右臂落在身体右侧前方,左臂上举托掌,同时身体 45°右转。

7~8 拍:右臂在身体右侧平举,左臂在胸前屈肘,右脚向侧后方退一步,左脚跟步成虚步(图 4-4)。

图 4-3　　　　　　　　图 4-4

(三)胸部运动

1~2拍:两臂同时向上举起,掌心向前,意念中提胸。
3~4拍:掌心相对,昂头。
5~6拍:双手合十。
7~8拍:屈膝下蹲成马步姿势,双手保持合十状态下移到与肩齐平(图4-5)。

图 4-5

(四)腰部运动

1~8拍:右手下翻到右臂后上举,掌心向前,左臂向前举,掌心向上,左脚在后,右脚在前,成蹲步交叉步姿势,目视前方,腰充分伸展(图4-6)。

图 4-6

(五)腹部运动

1~4拍:向前吸左腿直至大小腿垂直,右臂和左臂屈肘,分别成前举、后举姿势,目视前方。

5～6拍:两臂经腋下掏手成前平举姿势,下肢不动。

7～8拍:左腿收回成正步姿势,两臂自然落在体侧,目视前方。

(六)腿部运动

1～2拍:左脚向左侧方向迈出一步,两臂侧平举,目视左手。

3～6拍:左腿和右腿一前一后成弓箭步站姿,两臂动作不变,依然目视左手。

7～8拍:左脚后撤成正步站姿,两臂自然垂于体侧,目视前方。

(七)全身运动

1～2拍:左膝微屈,右腿勾脚向右侧方向迈出一步,右臂在体前弯举,左臂在胸前屈肘,目视右前方,向右转体一周。

3～4拍:双臂肩侧弯举,掌心朝前,目视右侧,两脚辗转,顺时针方向完成90°转体。

5～6拍:再继续沿顺时针方向完成90°转体,双膝弯曲,右腿在左腿后面,辗转步,两肘弯曲,两臂向前举,与肩部齐高,掌心向外,如同抱球姿势。

7～8拍:双脚辗转步,继续沿顺时针做90°转体,双手向前推,目视前方。

(八)恢复运动

1～2拍:两脚开立,脚间距约同肩宽,两臂在身体两侧下举,目视前方。

3～4拍:两臂向上移动成上举姿势,掌心相对,目视双手。

5～6拍:两臂屈肘下移,手置于头顶,掌心向下(图4-7)。

7～8拍:两臂下移到胸前,掌心向下,稍屈膝(图4-8)。

图 4-7　　　　　　　图 4-8

第三节　太极拳

一、太极拳健身功效简述

太极拳的健身功效首先体现在加强气血运行。太极拳讲求呼吸与动作的配合,强调肢体运动与调息吐纳要协调一致,这就加快了气血的运行速度,而且随着气血的运行,营养物质迅速到达身体各部位,起到活血通络、淤滞散去、百病皆除的健身效果。太极拳独特的动作特征还有利于改善心血管系统的功能,保护心脏。

太极拳锻炼还有助于促进新陈代谢,推动血液循环,预防中老年动脉硬化。不仅如此,太极拳对神经系统的保健功能也非常显著。太极拳要求思想集中、排除杂念,这使得中枢神经系统的紧张度得到了提高,其他系统与器官的机能活动更加活跃,增强了大脑的调节功能。太极拳独特的呼吸方式也有利于调节神经系统。

此外,太极拳练习还可改善运动系统功能,如提高肌力,防止肌肉萎缩,使关节韧带更灵活,从而有效预防关节发炎、扭伤或脱位等损伤。

第四章　武术之太极健身

在太极拳健身锻炼中,要注意健身练习的科学性,要选择适合自己的太极拳套路。随着身体素质的提高,可不断增加练习内容和练习方式,提高练习负荷,同时对动作姿势的规范性、精细性提出越来越高的要求,争取做到内外协调、神形兼备,从而使身体器官功能得到全面强化,使身体机能水平有效提高。

二、24式简化太极拳健身动作方法指导

(一)第一组

1. 起势

左腿向左移一步的距离,两臂平行向前举,双膝稍屈按掌(图4-9)。

图 4-9

2. 左右野马分鬃

抱手收脚,转体迈步,弓步分手;转体撇脚,抱手收脚,转体迈步,弓步分手(图4-10)。

3. 白鹤亮翅

跟步抱手,臀部后坐同时转上体,虚步分手(图4-11)。

图 4-10

图 4-11

(二)第二组

1. 左右搂膝拗步

腰部与胯部放松,肩下沉,肘下垂,弓步推掌(图 4-12)。

2. 手挥琵琶

跟步展臂,身体后坐挑掌,虚步送手(图 4-13)。

3. 左右倒卷肱

转体撤手,提膝屈肘,退步错手,虚步推掌(图 4-14)。

第四章 武术之太极健身

图 4-12

图 4-13

图 4-14

· 117 ·

(三)第三组

1. 左揽雀尾

转体撤手,抱手收脚,迈步分手,弓步掤臂,转体摆臂,转体后捋,转体搭手,弓步前挤,后坐收掌,弓步前按(图 4-15)。

图 4-15

2. 右揽雀尾

转体撤手,抱手收脚,迈步分手,弓步掤臂,转体摆臂,转体后捋,转体搭手,弓步前挤,后坐收掌,弓步前按(图 4-16)。

图 4-16

· 118 ·

第四章 武术之太极健身

(四)第四组

1. 单鞭(1)

转体摆臂,勾手收脚,转体迈步,弓步推掌(图 4-17)。

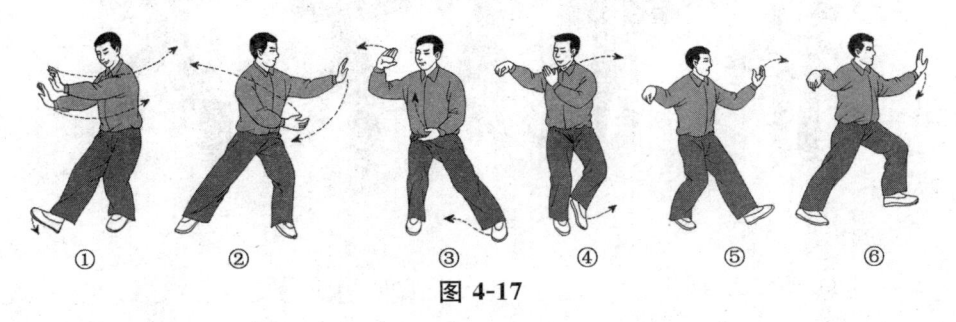

图 4-17

2. 云手

转体扣脚,转体松勾,收步云手,开步云手(图 4-18)。

图 4-18

3. 单鞭(2)

转体勾手,转体迈步,弓步推掌(图4-19)。

图 4-19

(五)第五组

1. 高探马

跟步松手,身体后坐并翻手(图4-20)。

图 4-20

2. 右蹬脚

穿掌提脚,迈步翻手,分手弓腿,跟步合抱,提膝分手,分手蹬脚(图4-21)。

图 4-21

第四章　武术之太极健身

3.双峰贯耳

屈膝落手,迈步分手,弓步掼拳(图4-22)。

图 4-22

4.转身左蹬脚

转体分手,收脚合抱,提膝分手,分手蹬脚(图4-23)。

图 4-23

(六)第六组

1.左下势独立

收脚勾手,屈膝下蹲成开步,仆步穿掌,弓腿起身,独立挑掌(图4-24)。

2.右下势独立

落脚勾手,屈膝下蹲成开步,仆步穿掌,弓腿起身,独立挑掌(图4-25)。

图 4-24

图 4-25

(七)第七组

1. 左右穿梭

落脚转体,抱手收脚,迈步错手,弓步推架;转体撇脚,抱手收脚,迈步错手,弓步推架(图 4-26)。

第四章　武术之太极健身

图 4-26

2. 海底针

跟步松手,身体后坐并提手,虚步插掌(图 4-27)。

图 4-27

3. 闪通臂

提手收脚,迈步分手,弓步推掌(图 4-28)。

图 4-28

(八)第八组

1. 转身搬拦捶

转体扣脚,坐身握拳,垫步搬拳,转体收拳,上步拦掌,弓步打拳(图 4-29)。

图 4-29

2. 如封似闭

穿掌翻手,身体后坐并收掌,弓步按掌(图 4-30)。

图 4-30

3.十字手

转身扣脚,弓腿分手,转体落手,收脚合抱(图 4-31)。

图 4-31

4.收势

翻掌分手,分手下落,双脚并立还原起始姿势(图 4-32)。

图 4-32

第四节　太极剑

一、太极剑健身功效简述

从健身效果来看,太极剑对大脑、经络、循环系统、呼吸系统以及肌肉关节具有良好的调节功能。科学练习太极剑,能够使身体诸系统的功能得到调整和强化。另外,太极剑不仅有缓解疲劳,改善弱体质、亚健康状态的显著功能,还有医治神经痛、失眠、神经衰弱、胃肠功能紊乱等病症的重要作用。太极剑以其独特、丰富而又显著的健身功效受到了太极健身爱好者的喜爱。

二、三十二式太极剑健身动作方法指导

(一) 起势

(1) 两脚开立，两臂下垂，左手持剑，剑尖向上，目视前方（图 4-33）。

(2) 右手握成剑指，两臂前平举，手心向下（图 4-34）。

图 4-33 　　　　　　　图 4-34

(3) 稍向右转体，屈膝下蹲，然后身体再向左转，左腿迈出成左弓步。左手持剑向左下方搂出，停在左胯旁；同时右手剑指下落转成掌心向上，屈肘上举随转动方向向前指出（图 4-35、图 4-36）。

图 4-35 　　　　　　　图 4-36

(4)左肘弯曲上提,左手持剑从右手上穿出,右剑指翻转下落撤到右后方,两臂左右平举,向后转体。同时提起右腿向前横落,两腿交叉,屈膝,左脚跟提起,身体下移成半坐盘势。目视右手(图 4-37)。

(5)左脚向前成左弓步;同时向左扭转身体,右手剑指随之向前落在剑把之上,做接剑准备(图 4-38)。

图 4-37　　　　　　图 4-38

(二)第一段

1. 并步点剑(图 4-39)

(1)左手食指向中指靠拢,松开右手剑指,虎口对着护手,将剑接换过,并使剑在身体左侧划一立圆,然后剑尖向前下点,剑尖略下垂,右臂要平直。

图 4-39

(2)左手变成剑指,附于右手腕部。

(3)同时右脚向左脚靠拢并齐,脚尖向前,屈膝稍下蹲。目视剑尖。

2. 独立反刺(图 4-40 至图 4-42)

(1)右脚向右后方一步撤退,身体随即向右后方向转,左脚收到右脚内侧,同时右手持剑撤至右后方,翻转右腕,剑尖上挑;左剑指随剑回撤,停在右肩旁。

(2)左转体,屈左膝上提成独立式;同时右手上举,使剑经头前上方向前刺出,力达剑尖;左剑指随转体向前指出,目视剑指。

图 4-40　　　　　　图 4-41

图 4-42

3. 仆步横扫(图 4-43、图 4-44)

(1)上体向右后方向转,剑向右后方劈下,左剑指落在右

第四章 武术之太极健身

手腕。

（2）右膝弯曲成前弓步，左腿向左横落撤步，直膝。

（3）向左转体，左剑指顺左肋反插，向后、向左上方划弧举起到左额前上方；右手持剑翻掌，由下向左上方平扫，力达剑刃中部。

（4）屈右膝成半仆步；重心前移，屈左膝，右脚尖里扣，右腿伸直成左弓步。

图 4-43

图 4-44

4.向右平带（图 4-45）

（1）右腿向右前方跨一步，成右弓步姿势。

（2）右手剑向前引伸，然后翻转，向右斜方慢慢将剑回带，屈肘，握剑手带到右肋前方，力达右剑刃；左剑指下落附在右手腕处。目视剑尖。

图 4-45

5.向左平带(图 4-46)

(1)右手剑向前引伸,翻掌将剑向左斜方回带,屈肘握剑手带至左肋前方。
(2)左剑指向左上方划弧举起到左额上方。
(3)左脚向左前方迈出成左弓步。

图 4-46

6.独立抡劈(图 4-47 至图 4-49)

(1)右脚前进到左脚内侧;左剑指落到右手腕部。
(2)向左转体,右手抽剑由前向下、向后划弧,旋臂翻腕上举,向前下方正手立剑劈下。

第四章　武术之太极健身

（3）左剑指从身体左侧向下、向后绕到头左上方。
（4）右脚向前一步迈出，屈左膝提起成独立步。目视剑尖。

图 4-47

图 4-48

图 4-49

7. 退步回抽(图 4-50)

(1)左脚向后落下,屈膝,右脚撤回半步,成右虚步。
(2)右手剑回抽,剑面与身体平行;左剑指下落附于剑把上。目视剑尖。

图 4-50

8. 独立上刺(图 4-51)

(1)稍向右转体,右脚向前一步迈出,屈膝提左腿,成独立步。
(2)右手剑向前上方刺出,力达剑尖;左手仍附于右手腕部,目视剑尖。

图 4-51

(三) 第二段

1. 虚步下截(图 4-52)

(1) 左脚落在左后方,右脚稍稍向后撤,成右虚步。
(2) 右手持剑先左转再随右转,经体前向右、向下按,力达剑刃;左剑指从左后方绕行到左额上方。目视右前方。

图 4-52

2. 左弓步刺(图 4-53、图 4-54)

(1) 右脚向右后方一步撤回,左脚收回后再迈向左前方成左弓步。
(2) 右手剑经面前向后向下抽卷,再刺向左前方,力达剑尖。

图 4-53

图 4-54

(3)左手剑指向右、向下落,再向左、向上绕行到左额上方,目视剑尖。

3. 转身斜带(图 4-55、图 4-56)

(1)重心后移,左脚尖内扣,向右转体,右腿提起与左腿内侧相贴。
(2)右手剑收回横置胸前,左剑指落在右腕处。
(3)上势不停,身体向右后方转,右脚迈向右侧成右弓步。
(4)右手翻腕,掌心向下并向身体右侧外带,力达剑刃外侧,目视剑尖。

图 4-55

图 4-56

4.缩身斜带(图 4-57)

(1)左腿提起再落下,左腿支撑重心,右脚向左脚内侧撤退,脚尖点地。

(2)右手翻掌,手心向上,使剑向左侧回带,力达剑刃外侧;左手剑指向下反插,再向后、向上绕行划弧落在右手腕部。

图 4-57

5.提膝捧剑(图 4-58、图 5-59)

(1)右脚后退;左脚微后撤。

(2)两手分开,剑身斜在身体右侧,剑尖在体前,左剑指在身体左侧。

(3)左脚稍前移,右膝提起成独立式。

（4）右手剑把与左手在胸前相合，左手捧托在右手背下，微屈臂，剑在胸前，剑身指向前方，目视前方。

图 4-58

图 4-59

6.跳步平刺（图 4-60 至图 4-62）

（1）右脚前落地，重心前移，右脚尖用力蹬地，左脚前进一步，右脚靠向左腿。

（2）两手捧剑先回收，然后再直向前伸刺，两手分开撤回身体两侧，左手再变剑指，目视前方。

（3）右脚向前跨出一步成右弓步。同时右手剑向前平刺，力达剑尖；左剑指上举绕到左额上方，目视剑尖。

第四章 武术之太极健身

图 4-60

图 4-61

图 4-62

· 137 ·

7.左虚步撩(图4-63、图4-64)

(1)重心移至左腿,向左转体,右脚回收再向前垫步,身体右转,重心移到右腿,左脚前进一步成左虚步。

(2)右手剑经左上方向后、向下立剑向前撩出,力达剑刃前部。

(3)左手剑指下落附于右腕部,随右手绕转。目视前方。

图 4-63

图 4-64

8.右弓步撩(图4-65、图4-66)

(1)向右转体,剑由上向后绕环,剑指附于右臂内侧。

(2)左脚向前垫步,右脚随之前进成右弓步。

（3）右手剑由下向前立剑撩出，力达剑刃前；剑指绕行到左额上方。目视前方。

图 4-65

图 4-66

(四)第三段

1.转身回抽(图 4-67 至图 4-69)

（1）向左转体，向后移重心，右脚尖内扣，左脚尖外展，成侧弓步。
（2）右手收引剑柄到胸前，剑指附于右腕。
（3）再向左转体，向左前方劈剑，力达剑刃，目视剑尖。
（4）重心后移，稍屈右膝，左脚撤回成左虚步；同时剑收到身体右侧；左剑指收回再向前指出，目视剑指。

图 4-67

图 4-68

图 4-69

第四章　武术之太极健身

2. 并步平刺（图 4-70）

（1）稍向左移左脚,右脚随之靠拢成并步,身体正直。
（2）剑指向左转并向右下方划弧,反转变掌捧托在右手下。
（3）两手捧剑向前平刺,力达剑尖。目视前方。

图 4-70

3. 左弓步拦（图 4-71、图 4-72）

（1）右手翻腕后抽向右转动,再经右后方向下、向左前方托起拦出,力达剑刃。
（2）剑指向右、向下、向上绕行,停在左额上方。
（3）向左转体时,左脚向左前方一步迈出,屈膝成左弓步。

图 4-71

图 4-72

4. 右弓步拦（图 4-73）

（1）重心后移，左脚尖外撇，先向左转体再向右转体。
（2）右脚向右前方迈出一步成右弓步。
（3）右手剑由左后方划一整圆向右前托起拦出，力达剑刃；左剑指附在右手腕部。

图 4-73

5. 左弓步拦（图 4-74）

（1）重心后移，右脚尖外撇，其余动作同上，方向相反。
（2）右手剑拦出时，右臂外旋，手心斜向内。目视剑尖。

第四章　武术之太极健身

图 4-74

6.进步反刺（图 4-75、图 4-76）

（1）向右转体，右脚向前横落盖步，脚尖外撇，左脚跟提起成半坐盘势。

图 4-75

图 4-76

（2）剑指下落到右腕，向后方立剑刺出，剑指指向前方，两臂伸展，目视剑尖。

（3）向左转体，左脚向前成左弓步；同时屈右臂，剑尖向上挑挂，再向前刺出，力达剑尖；目视剑尖。

7. 反身回劈（图 4-77）

（1）右腿支撑重心，左脚尖内扣，重心再向左腿移动。
（2）右脚提起收回，向右后方转体，右脚向前成右弓步。
（3）由上向右后方劈剑，力达剑刃。
（4）剑指经左下方转架在左额上方，目视剑尖。

图 4-77

8. 虚步点剑（图 4-78）

（1）向左转体，提起左脚向起势方向垫步，随即右脚置于左脚前成右虚步。

图 4-78

(2)随转体,剑划弧上举向前下方点出,力达剑尖。

(3)剑指下落向上绕行,与右手相合,附在右腕处,目视剑尖。

(五)第四段

1. 独立平托(图 4-79)

(1)右脚向左脚左后方倒插步,身体以脚掌为轴右转,提起左膝成右独立步。

(2)剑先向左、向下绕环,然后向右上方托起,力达剑刃上侧。目视前方。

图 4-79

2. 弓步挂劈(图 4-80、图 4-81)

(1)左脚向前横落,身体左转,两腿交叉成半坐盘式,右脚跟离地。

图 4-80

图 4-81

(2)右手剑向身体左后方穿挂,剑尖向后;目视剑尖。

(3)右手剑由左侧翻腕向上再向前劈下,力达剑刃;左剑指移到左额上方。

(4)右脚前进成右弓步。目视剑尖。

3.虚步抡劈(图 4-82、图 4-83)

(1)向后移重心,向右转体,左脚跟抬起,右脚尖外撇,成交叉步。

(2)剑向后反手撩平,左剑指落在右肩前。

(3)左脚向前垫步,向左转体,随即右脚前移成右虚步。

(4)剑由右后翻臂上举再向前劈下,力达剑刃;左剑指向左上划圆再落在右臂内侧。目视前下方。

图 4-82

第四章 武术之太极健身

图 4-83

4. 撤步反击(图 4-84)

(1)向右转体,提起右脚向右后方撤步,左脚跟外转,伸直左腿,成右弓步。

(2)向右后上方斜削击剑,力达剑刃前端。

(3)剑指向左下方分开平展。目视剑尖。

图 4-84

5. 进步平刺(图 4-85、图 4-86)

(1)向右后方稍转体,提起左脚与右腿内侧相贴。

(2)右手翻掌向下,向右肩前收回剑身;左剑指向上绕行向前落在右肩前。

(3)向左后方转体,左脚垫步,脚尖外撇,然后右脚向前成右弓步。

(4)剑向前方刺出,力贯剑尖;剑指经体前反插,向后、向左上绕到左额上方。目视剑尖。

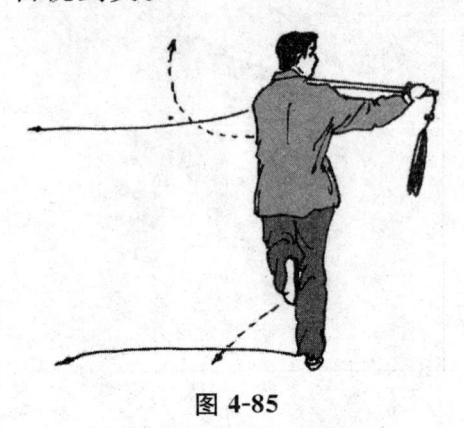

图 4-85

图 4-86

6.丁步回抽(图 4-87)

(1)重心后移,右脚移到左脚内侧成右丁步。

图 4-87

第四章 武术之太极健身

（2）右手持剑屈肘回抽，剑把在左肋部，剑面平行于身体，左剑指落在剑把上。目视剑尖。

7.旋转平抹（图 4-88 至图 4-90）

（1）两脚成八字形；稍向右转体，右手翻掌向下，剑身横置胸前。

（2）右腿支撑重心，继续向右转体，左脚向右脚前扣步，两脚尖斜相对，然后身体向右后方转，右脚后撤，左脚稍后收成左虚步。

（3）剑由左向右平抹，力达剑刃外侧，变左虚步时，两手左右分开，剑身斜置身体右侧，恢复起势方向。目视前方。

图 4-88

图 4-89

图 4-90

8.弓步直刺(图 4-91)

(1)左脚向前迈出半步成左弓步。
(2)立剑直向前刺出,力达剑尖;剑指附在右腕。目视前方。

图 4-91

(六)收势

(1)重心后移,随即向右转体。
(2)剑向右后方回抽,左手屈肘回收,接握剑的护手(图 4-92)。
(3)向左转体,左腿支撑重心,右脚向前迈半步,两脚成左右开立状。
(4)左手接剑反握,下垂于身体左侧;右手变剑指向下、向右后方划弧上举,再向前、向下落于身体右侧;全身保持放松。目视

第四章　武术之太极健身

前方(图 4-93)。

图 4-92　　　　　　　　　图 4-93

第五节　太极推手

一、太极推手的健身功效简述

太极推手是一项双人徒手对练的太极健身运动,对抗性特征鲜明。在太极拳锻炼中结合推手练习,不但能够使太极拳技术更加娴熟,还可以借助两人的协作提高身体的灵敏性和反应能力,促进体质增强。

太极推手以腹式呼吸为主,呼吸特点是均匀、缓和、有节奏,这对于肺泡通气能力的改善和增加呼吸深度非常有利,因而具有改善呼吸系统功能的健身效果。另外,太极推手是综合性运动,结合了中枢神经运动、骨骼肌肉运动和呼吸运动,有助于促进血液循环的改善、人体体质的增强、韧带柔韧性和关节灵活性的提高,而且还有祛病的效果。

一般可将太极拳和太极推手兼练,使两者相互促进,相互提高,从而获得更好的健身效果。

二、太极推手健身动作方法指导

(一)基本动作

1. 预备姿势

两人都是立正站姿,面对面而立,身体都保持自然、舒适的状态。两人之间的距离以各自双手握拳,手臂于体前平举,双方拳面相触为宜。

2. 开始姿势

双方均半面左转,右脚都向前方一步迈出,保持脚内侧相对,间距以 10~20 厘米为宜。双方右臂前举,稍屈,手背保持相对,手腕交叉,左手自然落在体侧,重心在两腿。

3. 单推手

(1)甲用右掌掌心将乙的右手腕部向前平推,同时右腿成前弓姿势,稍向前移动重心,从而达到用右掌推向对方右胸部的目的。乙承甲之按劲,用掤劲向后收右掌,同时稍屈左膝,向后移重心,上体顺势右转,并以右掌引甲的右手,避免甲右掌触及胸部。

然后乙翻掌用右掌将甲的手腕部向前平推,目的同样是推向甲的右胸部。甲承乙的推劲,右臂向后收回,左腿屈膝,向后移重心,上体顺势向右转,使乙无法将右掌推向右胸部。如此循环练习。

(2)双方做好开始姿势,甲翻转右掌用掌心向前、向上接乙的手腕部,目的是向乙的面部推按。同时右腿屈膝成前弓姿势,稍向前移动重心,乙用右手的掤劲承甲的来劲,引臂上举。同时稍屈左腿,稍向后移动重心,上体顺势右转,把甲的右掌引向头部右侧,使之无法向面部推按。

第四章　武术之太极健身

乙同时慢慢翻转右掌,向前、向下推按,目的是按甲的右肋部;甲用右手的掤劲承乙的来劲,顺势收回右臂,同时左膝微曲,上体顺势右转,向后移动重心,将乙的右手引向身体右侧,使之无法达到目的。

当甲的右手推向乙的面部时,乙稍向右转体,用右手的掤劲将甲的右手引向头部右侧,使之无法顺利到达,随即顺势推向甲的面部。甲右转体引乙的右臂,使之无法靠近自己面部,然后再翻掌向前、向下推按,意在乙的右肋部。

反复循环练习上述动作,左右手交替锻炼,双方推手路线均成立圆。

(二)定步推手法

掤劲:开始双方都用右臂作单搭手式,含糊劲。

捋劲:甲右手承乙右手的掤劲,向后收回右臂,翻转右手使手掌贴在乙的右手腕处;同时左手停靠在乙的右肘处,顺乙的来式,左腿屈膝,收胯,向右转体,两手引乙的右臂,成为向右的捋式动作。

挤劲:乙顺甲的捋式,微屈右膝,稍向前移重心。同时左手手掌附在右臂内侧,右前臂与甲胸部平齐,旨在使甲的捋劲失去效用,迫使其改变方向。

按劲:甲顺乙的来式,左腿屈膝,含胸,收胯,向左转体。同时两手向下、向左按乙的右臂,化开乙的挤劲,使其无法顺利发挥挤劲的作用。甲右手随即移到乙的左肘部,左手移到乙的左腕部。甲化乙来的动作与前面相同,可循环练习。

(三)活步推手法

以进三退二为例。

预备:开始姿势同上,只是双方搭手时,甲左脚在前,乙右脚在前,双方保持顺步姿势。双方搭左手,成交叉,右手均抚双方之左肘尖。甲用左臂作挤式,乙作按式。

动作方法：

乙右脚向前一步迈出，落在甲左脚内侧，同时两手按甲的右臂。

甲左脚向后一步撤退，右手从左肘上接乙的右手，同时左手左下方绕出放在乙的右肘处，准备变捋式；乙顺甲的捋式动作，左脚再向前一步迈出（第二步），落在甲右脚外侧，做边挤准备。

甲右脚再向后一步撤退（第二步），同时两手引乙右臂向右，转身成捋式。乙随甲的捋式，右脚再向前一步迈出（第三步），落在甲的左脚内侧，右腿屈膝成前弓姿势，两臂仍成挤式。甲稍屈右腿，向后移动重心，收胯，成按式。

甲趁乙向前挤动作，上体稍左转，同时提起左脚向前迈出落在乙的右脚内侧（甲前进第二步）。

乙的右脚随即退回，同时右手从下面绕出，附在甲的左肘部向回捋。甲右脚顺势再向前一步迈出，落于乙的左脚外侧（甲前进第二步）。

乙捋甲方左臂，同时左脚退回，甲左脚顺势继续向前迈出一步，落在乙的右脚内侧，甲、乙各变为挤的动作和按的动作。这种前进三步，后退两步的方法也被称作"五步二人抢"。前进者由按变挤，后退者由掤变捋，双方进退中须各含掤劲，黏连不脱，不断循环。

第五章　武术之其他项目健身

武术运动内容丰富,武术健身中除常见的气功类、太极类项目之外,还有一些其他项目也具有良好的健身功能。为了给武术健身爱好者提供更多的选择与更完善的指导,使不同健身者都能找到适合自己的武术健身内容与方式,提高更多人的健身效果与健康水平,本章特选取呼吸功、练功十八法、马王堆导引术、大舞功法、少林强壮功、防身治病功、散打等项目来对其健身功效与健身方法展开分析。

第一节　呼吸功

我国传统保健运动中很多运动方式都要求"气沉丹田",其实这是一种特殊的呼吸法,经过千百年的实践,证明这种呼吸法具有显著的强身功效和健身意义,且主要体现在促进生理健康上。

一、呼吸修炼法

呼吸修炼方法主要包括以下内容:

(一)练呼

练呼主要是为了将体内的浊气呼出,具有驱除邪气和治疗疾病的功效。

实验证明,呼能对交感神经产生影响,吸能对副交感神经产生影响。练呼与练吸会在不同方面对内脏起作用。练呼与练吸不能完全分割，因为呼吸是不能绝对分离的，不能只呼不吸，反过来也一样。但在练习中应各有侧重。

（二）练吸

练吸主要是为了将新鲜空气吸进体内，使身体得到充养。练吸使人体气量充盛，为人体生命活动的正常运行提供动力，这有助于增强人体机能活动，提高人体的抗病能力。道家典籍中记载的闭气法、节气法、练气法、委气法、胎息法等均属于以练吸为主的呼吸修炼法。

以闭气法为例来分析，闭气法就是吸气后停闭，以受纳自然之气，使之最大程度地与谷气、先天之气充分结合，形成真气，从而使机体得到充养。需要注意的是，闭气不是吸一口气就硬行闭住的意思，人不可能做到闭气不息。如果硬行闭气，会损害身体。

（三）呼吸皆练

呼吸皆练就是练呼的同时也练吸，这种呼吸修炼法最常见。通常，呼吸锻炼包括自然呼吸、气沉丹田、柔匀深呼吸三个阶段。初学者要在自然呼吸的基础上进行呼吸锻炼。锻炼中要保持自然、轻松，不要紧张，同时要循序渐进地进行锻炼，不能急于求成，还要消除心中的杂念。

气沉丹田是呼吸锻炼中一个比较高的要求。严格按照要求并坚持不懈地进行呼吸锻炼，可使呼吸更加柔和、均匀、深长、细缓。这对于增加肺的通气量、调节植物神经神经系统的机能活动等都具有重要的意义。

呼吸修炼术提倡鼻吸口呼，这是符合卫生学要求的，而且有很多好处，所以广受认可。

二、呼吸调吸法

呼吸的调控方法有很多，大致归纳如下：

（1）自然呼吸法：自然胸式呼吸、腹式呼吸及混合式呼吸。
（2）鼻吸、鼻呼、鼻呼口吸、鼻吸口呼法。
（3）提肛呼吸法。
（4）炼呼与炼吸法。
（5）数息、建息法。
（6）吐字呼吸法。
（7）意呼吸。

第二节　练功十八法

一、练功十八法健身功效简述

练功十八法是一种"祛邪扶正"的治疗方法，患者通过锻炼，可使颈、肩、腰、腿等部位的病理状况得到改善。颈、肩、腰、腿痛病的医学治疗方式一般有针灸、推拿、药物治疗等，在这基础上指导患者练习练功十八法，可使患者体内的"正气"得到充分的调节，可促进肢体、关节和器官功能快速恢复，使身体抵抗疾病的能力更强，从而增强体质、提高治疗效果。在结束医务治疗后，患者坚持练习练功十八法，可有效巩固疗效，防止疾病复发。将医疗和练功结合起来对病人早日康复，减少医疗负担具有重要意义。

练功十八法不仅可以治疗颈、肩、腰、腿痛病，还能预防这些症状，长期以固定姿态工作的人每天坚持进行此项锻炼1～2次，可以调节过度疲劳的肌肉，锻炼相对静止的肌肉，使身体各关节、肌肉群维持正常功能，平衡协调。老年人的体力在慢慢变弱，内脏功能也在逐渐衰退，坚持进行此项锻炼，可促进生理活力恢复，延缓衰老。

二、练功十八法健身动作方法指导

(一)颈项争力

(1)预备动作:两脚左右分开而立,脚间距离稍比肩宽,双手叉在腰间,注视正前方。
(2)向左转动头部,眼睛往左看。
(3)回到预备动作。
(4)向右转动头部,眼睛向右看。
(5)回到预备动作。
(6)头向上抬,眼睛向上看。
(7)回到预备动作。
(8)头向下低,眼睛向下看。
(9)回到预备动作。

(二)左右开弓

(1)预备姿势:两脚左右分开而立,脚间距离稍比肩宽,两臂肘部弯曲,双手虎口呈圆形相对,掌心朝前面,与面部相距30厘米左右,眼睛注视正前方。
(2)双手轻握拳并置于身体两侧,拳心朝向前方,小臂垂直地面,同时向左转头,目光随左手动作的变化而移动。
(3)回到预备动作。
(4)动作同(2),左右方向相反。
(5)回到预备动作。

(三)双手伸展

(1)预备姿势:两脚左右分开而立,脚间距离稍比肩宽,两臂肘部弯曲,双手轻握拳并置于身体两侧,眼睛注视正前方。
(2)松拳,两臂垂直上举,掌心朝前面,昂首挺胸,目光随左手动作的变化而移动。

(3)回到预备动作。

(4)动作同(2),左右方向相反。

(5)回到预备动作。

(四)开阔胸怀

(1)预备姿势:两脚左右分开而立,脚间距离稍比肩宽,双手手掌在腹前交叉,掌心朝里。

(2)交叉两臂并向上举起,目光随双手动作的变化而移动。

(3)双手翻掌从两侧画弧下落,目光随左手动作的变化而移动。

(4)回到预备动作。

(5)动作同(2)。

(6)动作同(3),目光随右手动作的变化而移动。

(7)回到预备动作。

(五)展翅飞翔

(1)预备姿势:两脚左右分开而立,脚间距离稍比肩宽,两臂自然置于身体两侧。

(2)两臂肘部弯曲并向上提,在体后侧做"展翅"姿势,肘的高度在眉之上,手背保持相对,目光随左肘动作的变化而移动。

(3)两肘向下放,在面前双手立掌,掌心保持斜相对,再从体前慢慢向下落。

(4)回到预备动作。

(5)与(2)动作相同。

(6)与(3)动作相同,目光随右肘上提而上移。

(7)回到预备动作。

(六)铁臂单提

(1)预备姿势:两脚左右分开而立,脚间距离稍比肩宽,两臂自然落于身体两侧。

（2）左手臂举到头定做托掌状,掌指向后,头抬起,同时右臂内旋,肘部弯曲并向上提,手背与腰背部紧贴。

（3）左手臂从体侧向下移动,再内旋,肘部弯曲并向上提,手背与腰背部紧贴,目光随左手动作的变化而移动。

（4）与（2）动作相同,换右臂动作。

（5）与（3）动作相同,换右臂动作,目光随右手动作的变化而移动。

（6）回到预备动作。

（七）双手托天

（1）预备动作：两脚左右分开而立,脚间距离稍比肩宽,双手十指在下腹前交叉,掌心保持朝上。

（2）向上提两臂直到颈前部后反掌向上托起,昂首挺胸,掌心保持朝上。

（3）头部还原初始动作,眼睛注视正前方,上体在两臂的带动下向左侧屈两次。

（4）两臂分开从身体两侧缓缓向下落,目光随左手动作的变化而移动。

（5）回到预备动作。

（6）～（8）的动作与（2）～（4）动作相同,但左右方向是相反的。

（八）转腰推掌

（1）预备动作：两脚左右分开而立,脚间距离稍比肩宽,双手在腰两侧握拳。

（2）左右立掌前推,同时向右转上体,右肘顶向右侧后方,直至与左臂成一条直线,目光注视右后方向。

（3）回到预备动作。

（4）动作同（2）,左右方向相反。

第五章 武术之其他项目健身

(九)叉腰旋转

(1)预备动作:两脚左右分开而立,脚间距离稍比肩宽,双手叉在腰间。

(2)左右手依次用力推骨盆顺时针旋转一周。

(3)按相同的方式逆时针旋转。

(十)展臂弯腰

(1)预备动作:两脚左右分开而立,脚间距离稍比肩宽,两手掌与腹前交叉,掌心朝里。

(2)两臂向前上方举起,昂首、收腹、挺胸。

(3)两臂下移直至侧平举,掌心保持朝上。

(4)双手翻掌,同时屈上体,抬头看向前方。

(5)两臂下落,双手在体前交叉下按,直至触地,抬头注视前方。

(6)~(9)的动作同(2)~(5),最后回到预备动作。

(十一)弓步插掌

(1)预备动作:两脚左右分开而立,脚间距离约等于两倍肩宽,两手在腰侧握拳。

(2)向左转动上体做左弓步动作,右拳变掌后朝前上方插掌,高度与头部齐平,左臂肘部向后引。

(3)回到预备动作。

(4)动作同(2),左右方向相反。

(5)回到预备动作。

(十二)双手攀足

(1)预备动作:自然站立,双脚并拢。

(2)十指于腹前交叉并上提两臂,到颈前时翻掌向上托起,眼睛注视掌背。

(3)上体俯身向前屈。

(4)两手掌下按直至触碰到脚背,抬头。

(5)回到预备动作。

(6)~(9)的动作同(2)~(5)。

(十三)左右转膝

(1)预备动作:以立正姿势站好,上体俯身向前弯曲,两手将膝盖扶住,伸直膝关节,双眼看向正前方。

(2)两膝弯曲,两手扶在膝盖处,双膝顺时针环绕一周,做1~2个八拍。

(3)双膝逆时针环绕一周,做1~2个八拍。

(4)回到预备动作。

(十四)仆步转体

(1)预备动作:两脚左右分开而立,脚间距离约等于两倍肩宽,双手叉在腰间。

(2)做左仆步动作,上体45°左转。

(3)回到预备动作。

(4)动作同(2),只是左右方向是相反的。

(5)回到预备动作。

(十五)俯蹲伸腿

(1)预备动作:自然站立,双脚并拢。

(2)上体俯身向前屈,两手扶在膝盖处,伸直两腿,眼睛注视前下方。

(3)两手指尖保持相对,膝部弯曲做全蹲动作,眼睛注视前下方。

(4)双手手掌下按直到触到脚背,两腿伸直,抬头。

(5)回到预备动作。

第五章　武术之其他项目健身

(6)~(9)的动作与(2)~(5)相同。

(十六)扶膝托掌

(1)预备动作:两脚左右分开而立,脚间距离约等于1.5倍肩宽,两臂在体侧自然下垂。

(2)上体向前弯屈,右手扶在左腿膝盖处。

(3)上体挺直,双腿膝部弯曲成马步,左臂从体前向上举起成托掌,手指向后,眼睛注视掌背。

(4)上体俯身向前屈,伸直两腿,左手扶在右腿膝盖处,与右手交叉。

(5)动作同(3),右手臂上举成托掌姿势。

(6)~(9)动作同(2)~(5),左右方向相反。

(十七)胸前抱膝

(1)预备动作:自然站立,双脚并拢。

(2)左脚向前迈一步,重心向左腿移,提起右脚跟,两臂向前上方举起,掌心保持相对,昂首挺胸。

(3)两臂从体侧向下落,同时右膝提起,双手在胸前将右膝紧抱,伸直左腿。

(4)两臂向前上方举起,右腿向后落地,还原同第一动。

(5)回到预备动作。

(6)~(9)的动作同(2)~(5),左右方向相反。

(十八)雄关漫步

(1)预备姿势:以立正姿势站好,双手叉在腰间。

(2)左脚向前方迈一步,提起右脚跟,胸部挺起,由左腿支撑身体重心。

(3)右脚跟落下,右膝稍微弯曲,左脚背向上背屈,右腿支撑身体重心。

(4)右脚向前方迈一步,提起左脚跟,胸部挺起,右腿支撑身体重心。

（5）左脚跟落下，左膝稍微弯曲，右脚背向上背屈，左腿支撑身体重心。

（6）右腿支撑身体重心，提起左脚跟，胸部挺起。

（7）左腿支撑身体重心，左膝稍微弯曲，同时右脚背向上背屈。

（8）伸直左腿，右脚向后退一步，右膝稍屈，左脚背向上背屈，右腿支撑身体重心。

（9）回到预备动作。

第二个八拍从右腿向前迈一步开始。

第三节　马王堆导引术

一、马王堆导引术健身功效简述

马王堆导引术是依据湖南长沙马王堆汉墓出土的《导引图》，以循经导引、行意相随为主要特点，围绕肢体开合提落、旋转屈伸、抻筋拔骨进行动作设计，是一套古朴优美、内外兼修的功法。

马王堆导引术要求在练习中放松身体、动作徐缓，动作与呼吸、意识相配合，做到内外相合、体内平衡、养气修性。这有益于健康防病。此外，马王堆导引术还将气血运行路线（中医经络学）及经筋牵伸的运动方式结合起来，恰当引入经络学说的相关内容，使人在锻炼中通过经络系统将气、血、津液等输送到全身，以达到营养脏腑、抵御外邪、保卫机体的效果。因此，科学进行此项锻炼，可疏经通络、调节脏腑，取得良好的健身效果。

第五章 武术之其他项目健身

二、马王堆导引术健身动作方法指导

（一）胎思

（1）预备动作：双脚左右开立，两臂自然在体侧下垂，放松身体，身心维持舒适状态。

（2）有意识地呼吸，呼吸讲究深、长、匀、细，逐渐减慢鼻息，感觉鼻息若有若无。

（3）想象肚脐在呼吸吐纳。

（二）凫浴

（1）预备动作：双脚并拢而立，两臂自然置于体侧，双眼直视前方，微收下颔，放松身体。

（2）向右摆动两臂，膝部弯曲做半蹲姿势，向左转头，向左顶髋关节。

（3）起身，向左摆动两臂，膝部弯曲向下半蹲，向右转头，向右顶髋关节。

（三）燕息

（1）预备动作：两脚分开，脚间距离比肩宽小。

（2）缓缓起势，随之上抬脚跟，吸气。

（3）两手向下移动，重心同时下移，稍屈双膝，脚跟着地，意念在大脚趾，呼气。

（四）挽弓

（1）预备动作：双脚分开而立，肘部在胸前弯曲，两手掌心保持相对。

（2）向左转动身体，向前伸展左臂，右臂肘部弯曲并向后拉，右手在靠近腮边的位置成挽弓式，以脚跟为轴向左旋转双脚脚

165

尖,直至成一直线,同时配合吸气。

(3)回到预备动作,同时呼气。

(4)向右转身体,向前伸展右臂,左臂肘部弯曲并向后拉,左手在靠近腮边的位置成挽弓式,以脚跟为轴向右旋转双脚脚尖,直至成一直线,同时配合吸气。

(5)回到预备动作,同时呼气。

(五)鹞北

(1)预备动作:自然站立,双脚并拢,两臂自左右两侧平举,手心朝上。

(2)慢慢向右转身体,头同时右转,吸气。

(3)回到预备动作,呼气。

(4)慢慢向左转身体,头同时左转,吸气。

(5)回到预备动作,呼气。

(六)引头风

(1)预备动作:自然站立,双脚并拢,两臂自左右两侧平举,手心朝上。

(2)慢慢上举右臂,左臂相应下落,向右挺右髋,两臂成一字形,目光注视右手。

(3)回到预备动作。

(4)慢慢上举左臂,右臂相应下落,向左挺左髋,两臂成一字形,目光注视左手。

(5)回到预备动作。

(七)燕飞

(1)预备动作:双脚左右开立,两臂在体前屈肘交叉,手心朝里。

(2)右手举到右上方,掌心朝外,掌指朝上;左手下落到左下方,同样是掌心朝外,但掌指朝下。左脚移动成左丁步姿势,向右侧顶胯。

(3)回到预备动作。

(4)左手举到左上方,掌心朝外,掌指朝上;右手下落到右下方,同样是掌心朝外,但掌指朝下。右脚移动成右丁步姿势,向左侧顶胯。

(5)回到预备动作。

(八)引腹中

(1)预备动作:自然站立,双脚并拢,两臂自左右两侧平举,手心朝上。

(2)左右手分别做内旋、外旋的动作,向左移动髋部。

(3)回到预备动作。

(4)左右手分别做外旋、内旋的动作,向右移动髋部。

(5)回到预备动作。

(九)引背痛

(1)预备动作:双脚左右开立,两臂自然下垂。

(2)提起脚跟,向上拱背,眼睛注视脚尖。

(3)回到预备动作。

(4)与(2)相同。

(5)回到预备动作。

(十)沐猴獾引热中

(1)预备动作:双脚左右开立,两臂自然下垂。

(2)稍屈双膝,两臂微握拳屈于体前。

(3)气沉丹田,鼓腹呼气,握紧两拳;然后收腹吸气,放松两拳。

(十一)龙登

(1)预备动作:自然站立,双脚并拢,两臂在身体两侧自然下垂,眼睛注视正前方,放松全身。

(2)屈膝下蹲,双手掌心于胸前相对,慢慢呼气。

(3)向上伸展两臂,同时提踵、吸气。

(十二)仰呼

(1)预备动作:双脚左右开立,两臂自然下垂,放松身体,微收下颌,眼睛注视前方。

(2)向前平举两臂,掌心保持相对,含胸鼓腹,吸气。

(3)向上举起两臂,然后从头顶尽量向后伸展,同时快速呼气。

第四节 大舞功法

一、大舞功法健身功效简述

大舞是以古代舞蹈动作为基础,将导引的"三调"融合起来,从而宣发、疏通、调理人体气机,促进气血运行,改善关节功能的武术健身功法,该健身气功具有重要的健身功效。

在人体运动中,起杠杆作用的主要是骨,起枢纽作用的是骨连结,而提供动力主要要靠肌肉收缩。骨与骨之间的连结构成不同的器官,随着人体内外环境的变化,这些器官的形态结构也会发生相应的改变。大舞功法以通利关节,以舞宣导为主要特征,也就是通过各个关节的屈伸、环转等活动方式来使筋脉得到梳理,使关节更柔畅,并使肢体经络和气血得到调和、疏通。同时,通过躯干的抻、拉、震、揉、旋转等活动方式还能使躯干关节得到疏导,并调和气血。躯干的活动不但能使人体外在系统组织得到疏导,还对内在组织有揉按的功效,从而使脏腑的气血运行更加通畅。

第五章 武术之其他项目健身

在大舞功法锻炼中,不断变化的舞姿使全身各个部位都活动起来,具有调练形体的功效。此功法对臀部的摆动十分重视,旋转、屈伸等运动积极带动了脊柱的活动,导引了督脉气机,还具有牵引筋骨以及调和气血的功能。

二、大舞功法健身动作要领口诀

(一)预备势

并步垂臂腿直立,头正颈直舒胸脊,
面带微笑目下视,心平气和调呼吸。
十指相对掌托起,旋腕转掌斜上举,
两臂微屈成弧形,屈膝按掌至肚脐。

(二)昂首势

跨步分掌侧平举,掌心向上调呼吸,
下蹲翘臀昂首时,肩胛头尾适度挤。
下颏回收调尾闾,两手外展腿直立,
两臂缓慢向上抱,并步按掌再屈膝。

(三)开胯势

起身迈步手上举,并步下蹲要屈膝,
两臂展开臀摆动,膝带腿旋脚点地。
牵引胯部肘微屈,臂成弧形肩用力,
上步退步左右做,开步上抱引气息。

(四)抻腰势

转身合掌脚抬起,伸腿前蹬脚落地,
躯干前倾成弓步,两臂前伸斜上举。
两臂上举深吸气,伸拉脊柱带踵提,

重心后移掌收回,翘臀塌腰头仰起。

(五)震体势

按掌侧摆身直立,合抱握固旋腕提,
两臂外展拳变掌,合谷轻击两侧体。
转身抬臂肘微屈,依次握固前后击,
敲击丹田和骶骨,拧腰转体开步立。

(六)揉脊势

缓慢起身体重移,并步脚掌先着地,
两臂摆至与肩高,屈膝推掌体侧屈。
劳宫大包对应齐,屈肘揉脊腋下虚,
从腰至胸节节动,松紧有度要适宜。

(七)摆臀势

屈蹲插掌牵引脊,从颈至尾逐节屈,
缓慢起身成合掌,屈膝下蹲胸前立。
摆臀推掌腕跨旋,尾闾骶骨应着力,
翻掌摩运穿背后,引气归元双膝屈。

(八)摩肋势

两臂侧摆腿直立,扣脚转身抡双臂,
俯身掌心贴脚尖,掌根摩肋体重移。
虚步伸掌掌上提,摩运肋间微用力,
眼随掌走后退步,以腰带臂调呼吸。

(九)飞身势

两臂侧起肘微屈,起身抬腿似鸟飞,
两掌划弧侧前落,移动重心并步立。
转身扭头抻双臂,上下牵拉扭动脊,

第五章 武术之其他项目健身

拧腰旋掌身后看，两臂平伸调气息。

(十) 收势

两手缓慢向上举，屈肘合抱调呼吸，
掌指相对向下按，胸前向内至肚脐。
动作协调有韵律，三次起落调心理，
将气收归丹田处，放松身体再离去。

第五节　少林强壮功

一、少林强壮功健身功效简述

少林功夫自古以来名扬天下。按少林武功的性质，可将其分为两大类，一类是内功，主要是对精、气、神的锻炼；还有一类是外功，主要是对筋、骨、皮的锻炼。少林内功可对人体的内部机能进行调节，提高人体活力，可祛病强身、延年益寿。源于少林内功的少林强壮功是具有强大健身功效的健身功法，其融合了少林武功和吐纳导引，具有得气快、气感强的特征，还能促进上肢顶力（前推之力）和下肢霸力（柱地之力）的增强。总之，该功法强身增力、利通关节、协调脏腑、调和气血、疏通经络、健美形体的功能非常显著。

二、少林强壮功健身动作方法指导

(一) 静功

以站桩式为例。两脚左右分开站立，脚间距与肩同宽，挺膝内夹。两臂向后伸展、向上抬起，两臂内夹，屈腕，拇指外分，其余四指伸直,双手虎口相对,掌心朝后。收腹挺胸,立腰敛臀,两肩胛靠近脊柱,向上顶头,稍内收下颏。目视前方。舌抵上腭,自然呼吸,气沉丹田,全神贯注。

(二)动功

1. 力士推山

(1)站桩式准备,吸气,屈肘外旋,以内劲慢慢向上移到胸侧。收腹挺胸,目视前方。

(2)深吸气,肘部向后顶;呼气,向前伸展两臂,手臂内旋同肩宽,拇指外分,四指并拢,慢慢向前推到手臂伸直,力达指端,气沉丹田,目视前方。

(3)吸气、呼气,吸气时放松,呼气时两手向前顶。

(4)深呼气,用力向前伸臂,肩、指松沉;吸气,肘部弯曲外旋,慢慢收到胸侧。收腹挺胸,目视前方。

2. 大鹏展翅

(1)接上式。两肘向后顶并内夹,呼气,两臂外展至伸直,拇指外分,四指并拢,力达指端,气沉丹田,目视前方。

(2)吸气,身体放松,呼气,两臂向外展。

(3)深呼气,用力向外展臂,肩、指松沉;吸气,屈肘收臂,两掌慢慢回到胸侧。收腹挺胸,目视前方。

3. 霸王举鼎

(1)接上式。深吸气,用力伸展掌指,呼气,两臂慢慢向上举到头前,屈腕,拇指外分,四指并拢,两掌再上举至手臂伸直,气沉丹田,目视前方。

(2)吸气,身体放松,呼气,用劲向上推掌。

(3)深呼气,再用力上推掌,同时肩、指松沉;吸气,屈肘外旋,慢慢下落到胸前,双手左右分开,移到胸侧,收腹挺胸。目视

第五章　武术之其他项目健身

前方。

4.顺水推舟

(1)接上式。左脚向左一步跨出,脚尖内扣,挺胸收腹,塌腰敛臀。目视前方。

(2)深吸气,肘向后顶;呼气,两臂向前伸展推出,同时内旋到手臂伸直,屈腕,虎口向下,拇指外分,四指并拢。同时屈膝成马步。气沉丹田,目视前方。

(3)保持上势,吸气,全身放松,呼气,用力向前推两臂。

(4)深呼气,再用力向前推两掌,同时肩、指保持松沉;吸气,两臂外旋,虎口向上,屈肘收到胸前,掌心向上,双手左右分开置于胸两侧。同时,慢慢伸直膝关节,脚尖内扣,挺胸收腹,塌腰敛臀。目视前方。

第六节　防身治病功

一、松静功

松静功要求在锻炼时放松、入静,对姿势没有严格要求,可以站、坐、卧。练功时双目微闭,呼吸自然,全身自然、轻松、舒适,不要紧张,应心无杂念,安定心神,这有助于疏经通络,协调脏腑,调和气血,从而起到强身健体、延年益寿、祛病保健的作用。

下面简要分析几种松静功的锻炼方法。

(一)四面放松法

1.前面放松

始于面部,止于两足十趾,放松顺序依次为面部→颈前→胸

→上腹→下腹→大腿前→膝→小腿前→足背→两足十趾。

2. 后面放松

始于头部后侧,止于两脚跟部,放松顺序依次为头后侧→枕部→项→背→腰→大腿后→腘窝→小腿后→足跟。

3. 左右两侧放松

始于头部侧面,止于两足十趾,放松顺序依次为头侧→耳颞→颈侧→肩→上臂→肘→前臂→手腕→十指,意守1~2分钟,放松,然后继续放松腋→肋→腰侧→大腿外侧→小腿外侧→两足→两足十趾。

4. 中线放松

始于百会,止于两足涌泉,放松顺序依次为百会→脑正中→咽喉→胸正中→上腹正中→脐后肾前→会阴→大腿内侧→小腿内侧→涌泉。

上述四面放松法反复2~3个循环,时间30~60分钟,每次放松后用3~5分钟意守涌泉穴。

(二)局部放松法

在上述放松的基础上,单独放松身体某一紧张或病变部位,默想该处,放松时间大约为3~5分钟。

(三)整体放松法

默念放松整个身体。
(1)从头到脚,自上而下默念放松,此为流泻式放松。
(2)整个身体笼统地向外默想放松。
(3)在四面放松后,再如(1)从上到下放松整个身体。

第五章 武术之其他项目健身

二、桩功

(一)太极桩

1. 预备

两脚并立,全身放松,手臂自然放在体侧。

2. 动作要领

两脚开立,慢慢抬起两手,微屈膝,掌心向内,双手在胸前如抱球姿势。

3. 强度

做3组,每组5分钟,1分钟间歇。

(二)起落桩

1. 预备

两脚并立,全身放松,手臂自然放在体侧。

2. 动作要领

两脚开立,两臂慢慢在体前平举,与肩同高;微屈肘,双手慢慢向腹前下按,同时屈膝下蹲。

3. 强度

每组起落8次,做3组,1分钟间歇。

(三)开合桩

1. 预备

两脚并立,全身放松,手臂自然放在体侧。

2.动作要领

两脚开立,双手置于腹前,掌心与丹田相对;双手逐渐向上、向外分开,如抱大球状;然后缓缓收到腹前。

3.强度

每组开合8次,做3组,1分钟间歇。

(四)阴阳桩

1.预备

两脚并立,全身放松,手臂自然放在体侧。

2.动作要领

两脚开立,身体向右侧90°转动,双手在身体右侧呈抱球状姿势;身体向左180°转动;两手手心翻转朝上,在身体左侧做抱球状姿势。

3.强度

每组开合8次,做3组,1分钟间歇。

(五)虚实桩

1.预备

两脚并立,全身放松,手臂自然放在体侧。

2.动作要领

两脚开立,左腿支持重心,稍向右转体,提起右脚跟,两手置于胯侧,然后缓缓朝右上方提起;右脚伸向右前方,脚跟着地成虚步姿势,两手在身体右前方向前后合抱。轻轻收回右脚,身体重心向右腿慢慢移动,稍向左侧转体,提起左脚跟,两手置于胯侧,然后缓缓朝左上方提起,左脚伸向左前方,脚跟着地成虚步姿势,两手在身体左前方向前后合抱。

3. 强度

每组左右 8 次,做 3 组,1 分钟间歇。

第七节 散打

一、散打健身功效简述

散打锻炼具有显著的健身功效,主要体现在以下几方面:

首先,散打基本技术包括拳法、腿法和摔法,通过这些技术,可以不同程度地锻炼上肢、下肢,全面锻炼肌肉和关节。长期进行散打锻炼,可使骨密质增厚,骨变粗,骨的附着肌肉更结实,这样骨的抗弯、抗折、抗扭转、抗压缩等性能都会得到改善与增强。系统练习散打,可使关节更稳固、灵活,使关节周围肌肉力量得到增强,使关节囊、韧带和关节周围肌肉能更大幅度地伸展,这样在练习中就能减少损伤了。

其次,散打运动中斗智斗勇,能调节神经系统的兴奋性,使神经系统的灵敏性、应变性、平衡性及协调性得到增强,使思维灵活多变,提高随机应变的能力。青年时期人的神经系统的发育接近完全,此时神经具有最强的兴奋性、灵敏性以及活性,此时进行散打锻炼可促进神经系统发育完全。中年时期经常练习散打能使神经的兴奋性、均衡性和灵活性得到较好的保持,从而预防和延缓记忆力衰退。

最后,散打锻炼特别是拳法练习,可增强人体呼吸肌力量,促进肺组织更好地生长发育,增加肺活量,预防上呼吸道疾病,改善慢性病患者的肺功能。科学进行散打锻炼还会积极影响心血管的形态结构和功能,提高人体免疫力,从而促进身体健康,延缓衰老。

另外,散打还能培养人吃苦耐劳的精神和不畏强暴、敢于拼搏的道德情操,以及勇往直前的意志品质;同时还能熟练掌握格斗技术、技能,练出敏捷身手,以便防身自卫,保护自己与他人。

二、散打健身基本技术指导

(一)基本步法

1. 滑步

(1)前滑步
前脚向前方大约 25 厘米处滑进,后脚跟进,重心不变(图 5-1)。

(2)后滑步
后脚向后方大约 25 厘米处退步,前脚随之退后,重心不变(图 5-2)。

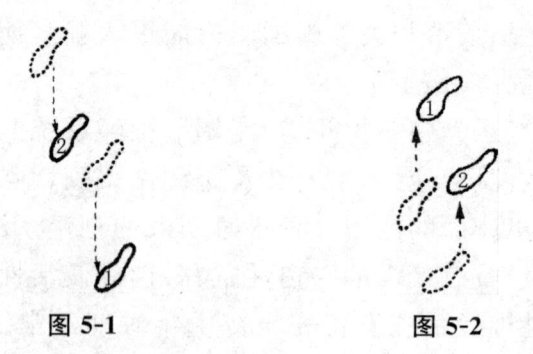

图 5-1　　　　图 5-2

2. 垫步

后脚蹬地,向前脚内侧靠近,前腿屈膝抬起(图 5-3)。

第五章 武术之其他项目健身

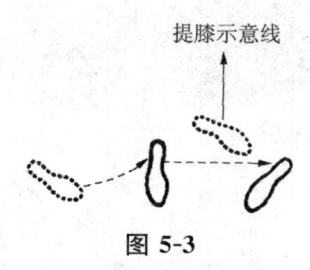

提膝示意线

图 5-3

3. 交换步

双脚蹬地起跳,在空中完成前后交替,上体顺势 120°转动,落地后姿势与预备姿势相反(图 5-4)。

图 5-4

4. 闪步

左(右)脚以半步距离向左(右)移,右(左)脚随之移动;身体顺势向右(左)转 90°(图 5-5)。

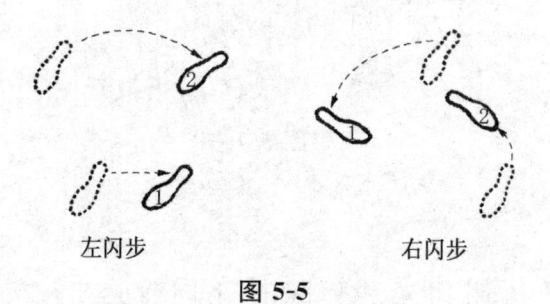

左闪步　　　右闪步

图 5-5

5. 击步

前脚(后脚)蹬地,后脚掌(前脚掌)擦地以半步距离后退(前移),前脚(后脚)再以相同的距离后退(跟进)(图 5-6)。

向前击步　　向后击步

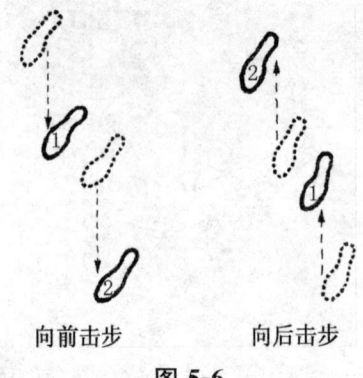

图 5-6

(二)基本拳法

1. 冲拳

以左冲拳为例。向右侧转腰,稍前移重心,左手内旋,直线向前打出左拳,拳心朝下(图5-7)。

图 5-7

2. 抄拳

以左抄拳为例,重心稍降低,从下向前上方勾左拳,大小臂折叠 90°～110°,拳心向内。

3. 掼拳

以左掼拳为例,上体向右稍转;同时左拳向外(45°左右)、向

第五章 武术之其他项目健身

前、向里横掼,稍屈臂,拳心向下,力达拳面;右拳在右腮旁保护。

(三)基本腿法

1.蹬腿

以左蹬腿为例,预备势,右膝稍屈,抬左腿,勾脚,以脚跟领先蹬向前方,力达脚跟(图5-8)。

图 5-8

2.踹腿

以左踹腿为例,预备势,稍向后移动重心,稍屈右膝以支撑,屈左膝并抬起,小腿向外摆,勾脚尖,脚掌与攻击方向正对,直膝展髋踹向前方,脚尖横向,力达脚掌(图5-9)。

图 5-9

(四)基本摔法

1.闪躲穿裆靠摔

对方用左冲拳击打头部时,我方迅速屈膝下蹲,巧妙避开。同时左手抓在其左膝处,右臂将其右膝窝别住,头向对方胸部用力顶,集中发挥上体的力制衡对方,使其失去重心摔倒(图5-10)。

图 5-10

2.抓臂按颈别腿摔

当对方用右掼拳击头部时,我方立即左转体,左臂向左上架将对方右拳挡住,左手将其右腕抓住,进一步转体同时用右腿将对方右腿别住,用右臂将对方颈部拧向左下方,左手拉其右臂,使对方失去重心摔倒(图5-11)。

· 182 ·

第五章 武术之其他项目健身

1　　　　　　　　2

3　　　　　　　　4

图 5-11

3. 格挡搂推摔

对方用左冲拳击头部时,本方用右臂挡拳,同时把其左臂卡死。右手向内按扒其左大腿,左手在其左胸部用力推,使其失去重心倒地(图 5-12)。

1　　　　　2　　　　　3

图 5-12

4. 抱腿压摔

对方用左腿踢上体时,我方主动向其靠近,右手抓左脚踝,左肘夹左膝,右脚向后退,向后转体下蹲,右手用力向上扳其左小腿,使其重心不稳而摔倒(图5-13)。

图 5-13

5. 接腿搂颈摔

对方用右脚踢上体,我方左手抓右小腿用力上提,右手搂颈部向右下方压,同时右脚绊左脚使其重心不稳而摔倒(图5-14)。

图 5-14

三、散打健身防守技术指导

(一)拍挡

左架,实战势,左(右)手向里横向拍挡(力点以手腕)(图5-15)。

1　　　　　　　2　　　　　　　3
图 5-15

(二)拍压

左(右)拳变掌,掌心或掌根从上向前下方用力拍压(图5-16)。

1　　　　　　　2　　　　　　　3
图 5-16

(三)挂挡

左(右)臂肘关节弯曲向同侧头或肩挂挡(图5-17)。

1　　　　　　　　　　2　　　　　　　　　　3

图 5-17

（四）外抄

左（右）臂肘关节弯曲外旋，手心向上。右（左）臂肘关节弯曲向同侧胸靠拢，立掌，掌心朝向外侧（图5-18）。

1　　　　　　　　　　2

图 5-18

（五）里抄

一臂肘关节弯曲外旋，向腹前贴近，掌心朝向上方。另一臂肘关节弯曲向同侧胸处靠贴，立掌，虎口向上方，掌心朝向外侧（图5-19）。

第五章 武术之其他项目健身

1　　　　　　　　　2

图 5-19

第六章　武术健身活动的开展与推广

随着社会的进步与经济的快速发展,武术也加快了现代化发展步伐。武术在现代化发展中成为全民健身的一项重要内容,使群众的健身需求得到了一定的满足。为了更好地发展中华武术,实现全民健身战略目标,需要加强对武术传播路径的拓展与创新,大力宣传武术的健身价值,广泛开展武术健身活动,并提升对武术健身实践的科学指导力度,从而吸引更多的武术爱好者参与武术健身活动。本章主要就武术健身活动在社区、学校的开展情况及推广路径展开研究,以推动武术健身的进一步发展。

第一节　社区武术健身活动的开展现状调查

为了了解我国武术健身活动在社区的开展情况,以北京体育大学许文同志调研结果为参考依据,特将我国城市社区体育活动站点作为研究目标范围,并在这些社区体育活动站点中随机抽取480名武术健身者展开关于武术健身活动开展现状的调查。调查内容与结果分析如下:

一、社区武术健身活动参与者的基本情况调查

(一)参与者的性别

调查发现,我国城市社区武术健身活动的开展中,以女性参

第六章　武术健身活动的开展与推广

与者居多,480名调查对象中,有348名女性,占72.5%,比男性参与者的数量与占比明显要多(表6-1)。

表6-1　武术健身活动参与者的性别调查结果(n=480)①

性别	频数	比例(%)
男	132	27.5
女	348	72.5

(二)参与者的年龄

通过调查武术健身活动参与者的年龄情况后了解到,调查总数中有5%的参与者是30岁以下的青年人,有18.5%的参与者年龄在30~44岁之间,30.8%的参与者是年龄为45~60岁的中老年人,45.6%的参与者年龄在60岁以上。可见,参与武术健身活动的群体中,老年人居多(表6-2)。

表6-2　武术健身活动参与者的年龄调查结果(n=480)②

年龄分布(岁)	频数	比例(%)
<30	24	5.0
30—44	89	18.5
45—60	148	30.8
>60	219	45.6

(三)参与者的学历

调查武术健身活动参与者的学历结构后了解到,人数排在首位的学历是大专,占总人数的40.9%;排在第二位的学历是本科

---

① 许文.北京市社区武术健身活动开展现状及对策研究[D].北京体育大学,2012.
② 同上。

及以上,这部分健身者占总人数的27.1%;排在第三位的是中学及中专,占总人数的23.5%;排在末位的是小学,这部分健身者占总人数的8.5%(表6-3)。

表6-3 武术健身活动参与者的学历调查结果(n=480)①

学历结构	频数	比例(%)
小学	41	8.5
中学及中专	113	23.5
大专	196	40.9
本科及以上	130	27.1

(四)参与者的职业

从城市社区武术健身活动参与者的职业情况来看,有42.3%的参与者是退休人员,这部分人群在参与者中所占的比例最大,排首位;19.2%是教师,排第二位;有17.9%是公务员,排第三位;9.6%是工人,排第四位;4.4%是商人,排第五位;其余包括3.7%的医生和2.9%的其他职业者(表6-4)。

表6-4 武术健身活动参与者的职业调查结果(n=480)②

职业分布	频数	比例(%)
退休人员	203	42.3
教师	92	19.2
公务员	86	17.9
工人	46	9.6
商人	21	4.4

---

① 许文.北京市社区武术健身活动开展现状及对策研究[D].北京体育大学,2012.
② 同上.

第六章　武术健身活动的开展与推广

续表

职业分布	频数	比例(%)
医生	18	3.7
其他职业	14	2.9

总体来看,城市社区的武术健身者中,女性比男性多,中老年比年轻人多。中老年比较喜爱武术健身活动,而且武术运动也确实非常适合中老年人锻炼。武术健身活动的参与者中,老年人和退休人员较多主要和以下三方面的原因有关:

第一,老年人的空闲时间比较充裕,这为参与武术健身活动提供了基础条件。

第二,老年人的身体健康水平有下降趋势,所以对武术健身的需求较大。

第三,老年人和退休人员孤独感强烈,因此需要通过参加社区活动来扩大交往,消除孤寂感。

(五)参与者对武术的态度

人们基于自身的价值观而对事物所做出的评价和表现出来的行为倾向就是态度。人的欲望、需求和信念决定了人的态度。人的态度主要从感受、情感和意向三个因素中表现出来,这几个因素通常都是协调一致的。若出现不协调的情况,占主导的往往是情感,这是态度组成结构中的核心要素,对态度有直接的决定性影响。

调查发展,武术健身活动在社区的群众基础十分深厚,很大一部分社区居民对这项健身项目都很喜欢,但一些社区居民因为闲暇时间少、空间不足及其他限制性条件而不能参与其中。从表6-5的调查结果来看,表示喜欢和非常喜欢武术健身活动的参与者达80%多,这些人参与武术健身活动都是积极主动的。但也有少部分居民对武术不是很了解,缺乏对武术健身活动的正确认知,他们最初参与武术健身活动有随大流的可能,但经过一段时间的锻炼后,对武术健身产生了兴趣,从而更加主动地参与武术健身活动。可见社区居民对武术健身的态度在不断改善,武术以其强身健体,增进健康的健身功能受到了广大居民的欢迎。

表 6-5 武术健身活动参与者对武术的态度调查结果(n=480)[①]

态度	频数	比例(%)
非常喜欢	180	37.5
喜欢	209	43.5
一般	71	14.8
不喜欢	20	4.2

二、社区居民参与武术健身活动的动机调查

心理学中这样解释动机,动机是涉及行为的强度、发端、方向和持续性,是推动人们从事活动及实现某一目标的内部动力和内在过程。在人们的行为活动中,动机的激励作用举足轻重,人们在动机的驱使下向着目标而不懈努力,直至实现目标,然后在新的动机的驱使下去实现新的目标。社区居民参与武术健身活动的行为也是受某一种或某些动机驱使的。

调查发现,社区居民参与武术健身活动的动机分很多种,如强身健体、自卫防身、兴趣爱好、娱乐消遣、防治疾病、社交、学习技术等。这充分说明社区居民对武术健身活动的多元价值功能已有了一定的认识,这正是人们广泛参与武术健身活动的重要原因。

---

① 许文.北京市社区武术健身活动开展现状及对策研究[D].北京体育大学,2012.

第六章　武术健身活动的开展与推广

表 6-6　武术健身活动参与者的动机调查结果（多选）（n＝480）[①]

动机	频数	比例(%)
强身健体	312	65.0
防治疾病	46	9.6
兴趣爱好	29	6.0
娱乐消遣	40	8.3
学习技术	11	2.3
社交	27	5.6
防身自卫	6	1.3
其他	9	1.9

从表 6-6 调查结果来看，65％的参与者主要是为了强身健体而参与武术健身活动的，这一动机在所有动机中选择的频数最多，占比最大，可见武术运动可有效促进人们健康的功能已经得到了普遍的认可。人们只有从思想上认识到武术对健康的价值，才会自愿参与其中。强身健体是人们参与武术健身活动的主要目的，这促进了武术健身活动的不断普及与推广。

除强身健体动机外，排在第二位至第五位的动机依次是防治疾病（选择频数占 9.6％）、娱乐消遣（选择频数占 8.3％）、兴趣爱好（选择频数占 6.0％）和发展社交（选择频数占 5.6％），这几个动机的比例差别并不大，在这些动机的驱使下参与武术健身活动的人群相对较为稳定，他们的参与促进了武术文化的传承、传播与弘扬。只有较少数的参与者为学习技术、防身自卫及其他目的而参与武术健身活动，分别占 2.3％、1.3％和 1.9％。这也反映出武术的这些功能价值还未被人们深刻认识到。

---

① 许文.北京市社区武术健身活动开展现状及对策研究[D].北京体育大学,2012.

三、社区居民参与武术健身活动的项目选择调查

作为我国民族传统体育项目的典型代表,武术的发展历史已有几千年,在这漫长的发展历史中,武术的内容之丰富、门派之多、文化内涵之深邃等都是其他传统体育所不可比拟的。武术是全民健身的重要健身项目之一,是体育运动与文化教育的融合。该健身项目有丰富的练习形式,如气功、套路、器械、散打、短兵、推手等,人们可从自身情况、爱好和需求出发对适宜的武术形式进行选择,从而达到理想的参与效果。为研究方便,这里将武术健身项目划分为表6-7中所示的五种形式。

表6-7 武术健身活动的项目选择调查结果(n=480)[1]

项目分类	频数	比例(%)
太极类	216	45.0
养生功法类	120	25.0
搏击对抗类	73	15.2
传统类	30	6.3
竞技类	41	8.5

由表6-7调查结果来看,所调查的武术健身活动参与者中,有45.0%的参与者选择太极类武术健身活动;有25.0%的参与者选择养生功法类武术健身活动;15.2%的参与者选择搏击对抗类武术健身活动;分别由6.3%和8.5%的参与者选择传统类武术健身活动和竞技类武术健身活动。

城市社区居民参与武术健身活动的项目选择中,太极类武术项目的选择频数最多,排在第一位,与其他武术健身项目相比遥遥领先。太极类武术是我国武术运动中的瑰宝,其蕴藏的传统文

---

[1] 许文.北京市社区武术健身活动开展现状及对策研究[D].北京体育大学,2012.

第六章 武术健身活动的开展与推广

化与哲理非常丰富且深邃,并与人们的生理机能发展规律非常合拍,对身心兼修、内外统一、呼吸吐纳有特殊的讲究,而且简单易学,运动量不大,动作舒缓,因而深受社区居民喜欢,群众基础非常广泛。

养生功法类武术项目排第二位。这类武术项目的主要功能是延年益寿,练习内容以套路为主,动作绵延缓慢,对大众有广泛的适用性。这类武术项目与太极拳类武术具有很多相似之处,社区居民对此选择较多,可见十分重视养生。

搏击对抗类武术项目排在第三位。这类武术项目主要是武术格斗运动,如散打,推手等,技术性和对抗性都比较强。社区武术的参与者中,主要是体力和精力充沛的青壮年选择这类武术健身活动,他们敢于竞争,在健身中追求刺激,这类运动可满足其需求。

竞技类武术项目排在第四位。这类武术项目以竞技武术套路为主,套路动作灵活流畅,跳跃腾空类动作较多,且具有丰富的内涵,对年轻人比较适合。但因为这类运动难度大,对体能要求很高,所以参与此类武术健身活动的人较少。

传统类武术项目(除太极拳外)排在最末位。传统武术讲究功法和实战性,最初应一招一招地练习,然后过渡到套路练习,参与者对其中的运气使力、攻防技击逐渐产生深刻的体会。反复进行此类练习,可提高实战技能,也可达到相应的功效。但这类武术健身项目在城市社区的群众基础较弱,说明传统武术的发展在当今社会发展中的不适应。对此,我们应加强对传统武术的改革与创新,果断去其糟粕,坚决保其精华,与时俱进,走创新发展之路,从而努力推动传统武术的传承与可持续发展。

四、社区居民参与武术健身活动的地点调查

通过调查可知,社区居民参与武术健身活动的地点场所主要有社区空地、公园、广场、健身房学校体育场等(表6-8)。

表 6-8　武术健身活动的开展地点调查结果（n＝480）①

健身场所	频数	比例（%）
社区空地	146	30.4
公园	125	26.1
广场	113	23.5
健身房	51	10.6
学校体育场	28	5.8
其他	17	3.5

表 6-8 调查结果显示，30.4%的武术健身者选择社区空地来参与武术健身活动，26.1%的武术健身者选择公园作为健身场所；23.5%的武术健身者选择在广场上进行武术锻炼活动；10.6%的武术健身者选择健身房；5.8%的武术健身者选择选择学校体育场作为健身场所；剩余3.5%选择其他场所进行武术锻炼，如家里、单位等。

总的来看，大部分社区居民在武术健身中，遵循就近原则对健身场所和地点进行选择，离社区近，环境舒适，空气清爽，污染少的场所是健身地点的首选。而且社区居民一般在空闲时间如早晨或晚上参与武术健身锻炼，以节省时间，并在舒适的环境中获得良好的锻炼效果，真正达到身心放松。但因为社区居民较多，而活动地的空间有限，所以健身场所看起来有些拥挤，早晨及晚上是健身的集中时间段，更是混乱，这对武术健身效果造成了很大的影响。

需要注意的是，虽然只有10.6%的居民选择在俱乐部进行武术健身锻炼，但也可以看出一些人已经有了"花钱买健康"的意识。这种健身形式目前之所以不是很普遍，主要与武术的特点、社区居民的生活水平有关，而且对很多社区居民来说，社区周边

---

① 许文.北京市社区武术健身活动开展现状及对策研究[D].北京体育大学，2012.

第六章　武术健身活动的开展与推广

的健身场所舒适便利,又有助于增进邻里关系,所以能够满足其健身需求。健身房健身形式在接下来还需进一步宣传与推广,使人们能够获得专业的指导,提高健身效果。

五、社区居民参与武术健身活动的频率调查

表6-9　武术健身活动参与者健身频次调查结果(n=480)[①]

频次(次/周)	频数	比例(%)
1	24	5.0
2	92	19.2
3	172	35.8
4	93	19.4
≥5	99	20.6

由表6-9调查结果来看,每周进行1次武术健身锻炼的居民占5.0%,排在最末位;每周进行2次武术健身锻炼的居民占19.2%,排在倒数第二位;每周进行3次武术健身锻炼的居民占35.8%,排在首位;每周进行4次武术健身锻炼的社区居民占19.4%,排在第三位;每周进行5次及更多次武术健身锻炼的社区居民占20.6%,排在第二位。

武术健身活动的开展质量和社区居民健身的效果直接受居民参与武术健身活动的频次的影响,足够的锻炼次数是提高武术健身效果的保障。

六、社区居民参与武术健身活动的时间安排调查

城市社区居民参与武术健身活动的时间安排受其生活方式

---

① 许文.北京市社区武术健身活动开展现状及对策研究[D].北京体育大学,2012.

和生活习惯的影响,社区居民虽然热爱武术运动,喜欢进行武术锻炼,但因为工作时间的关系,很多时候都不能顺利锻炼,健身活动的时间安排受到很大的限制,健身效果也得不到保障。

调查了解到,社区居民多在上班前、下班后等相对空闲的时间参与武术健身活动。社区居民首选的健身锻炼时间是早晨,在调查者中,56.4%的居民选择这一时间段,主要因为早晨空气清新、噪音较小,被居民当作最佳锻炼时间。晚上参与武术健身活动对社区居民来说也是比较合适的,一般将这项活动放在晚饭后,在锻炼身体的同时也能促进消化和新陈代谢,提高睡眠质量。调查者中28.8%的居民选择这一时间段参与武术健身锻炼,排在第二位。将武术健身活动放在早晨或晚上与城市社区居民的生活习惯是比较相符的,因为人们大多是白天工作,锻炼时间有限,所以适合选择早晨或者晚上。

选择在上午、下午参与武术健身活动的居民和其他时间段的选择数相比明显少很多,各占5.4%、9.4%。进一步调查了解到,选择上午、下午进行武术锻炼的人中,大都是退休中老年人,因为他们的余暇时间多,健身锻炼基本不受时间限制。相比于上午时间段的选择人数,下午时间段的选择数又比较多,因为一些"上班族"下午下班后会通过武术锻炼来放松身心,缓解工作压力与疲劳。

表6-10　武术健身活动参与者健身时间安排调查结果(n=480)[①]

时间安排	频数	比例(%)
早晨	271	56.4
上午	26	5.4
下午	45	9.4
晚上	138	28.8

[①] 许文.北京市社区武术健身活动开展现状及对策研究[D].北京体育大学,2012.

表 6-11　武术健身活动参与者每次健身时间调查结果（n=480）[1]

每次健身时间	频数	比例(%)
<30 分钟	103	21.5
30~60 分钟	254	52.9
>60 分钟	123	25.6

调查了解到，社区居民每次进行武术锻炼的时间大都是在半小时到一小时之间，这部分居民占调查总数的 52.9%；此外有 25.6% 的居民每次锻炼时间在 1 小时，还有 21.5% 的居民每次锻炼少于半小时。武术锻炼时间必须根据个人情况而定，要合理控制与安排时间，时间太长，会对工作和生活产生不好的影响，而锻炼时间太短又达不到效果，所以要合理把握。

七、社区居民参与武术健身活动的组织形式调查

社区武术健身活动的组织形式指的是社区居民以个人形式、结伴形式或寄托于某个机构形式而从事武术健身活动的锻炼形式的总称。分析社区居民参与武术健身活动的组织形式，能够对社区居民武术健身活动开展的实际状况有更好的了解，有利于科学构建武术健身活动发展模式，推动武术健身的发展。

调查发现，城市社区居民参与武术健身活动的组织形式主要有表 6-12 中所列的几种。

从表 6-12 来看，社区居民以自发组织形式参与武术健身活动的占调查对象的 43.5%。社区居民参与武术健身活动的目的、意向、动机大同小异，因此他们习惯选择自发组织、结伴参与、自我管理的活动形式。这种组织形式没有经费来源，专业指导和辅导也比较缺乏，主要是由参与武术健身锻炼时间较长的社区居民带

---

[1] 许文.北京市社区武术健身活动开展现状及对策研究[D].北京体育大学,2012.

领新参与武术健身的社区居民进行锻炼,有经验的锻炼者教新人,将自己的经验和技巧传授给新人,这有利于发展邻里关系,营造团结友爱的社区氛围。

表6-12 社区居民参与武术健身活动的组织形式调查结果(n=480)①

组织形式	频数	比例(%)
自发组织形式	209	43.5
个人形式	93	19.4
健身俱乐部形式	65	13.5
武术协会形式	43	9.0
社区辅导站组织	37	7.7
社区专人负责形式	33	6.9

表6-12中的个人形式指的是单独练习,居民从个人喜好和条件出发,灵活自由地参与武术健身锻炼。选择该组织形式的健身参与者占19.4%,在所有形式中排第二位。这种形式灵活自由,比较随机,但自身因素和外界因素容易对此造成干扰,很难使人长久坚持。

选择健身俱乐部形式、武术协会形式的武术健身活动参与者分别占总数的13.5%、9.0%,这两种健身活动的组织形式有专业的指导,但一般要求学员缴纳一定的费用,这是成为组织会员的"入场券",成为会员后,在固定地点按固定时间在专业教练员的指导下参与武术健身活动。

分别有7.7%和6.9%的武术健身活动参与者选择了社区辅导站组织形式和社区专人负责的组织形式,在所有组织行形式中排在最后两位。这反映出地方政府及社区组织单位不重视开展武术健身活动,扶持与管理力度较弱,有待改善与进一步加强,从而在社区武术健身活动开展中充分发挥政府、社区或街道办的龙头作用,促进社区武术健身活动的健康发展。

---

① 许文.北京市社区武术健身活动开展现状及对策研究[D].北京体育大学,2012.

八、社区武术健身活动的指导情况调查

表 6-13　社区武术健身中指导活动的开展情况调查结果（n＝480）[①]

指导情况	频数	比例(%)
开展过	49	10.2
没有开展过	239	49.8
不清楚	192	40.0

通过调查城市社区武术健身活动开展中有无指导的情况后了解到(表6-13)，仅有10.2％的武术健身活动参与者指出曾开展过专门的指导活动；高达49.8％的武术健身活动参与者指出没有开展过专门的武术健身指导活动，占将近一半的比例；剩下40.0％的武术健身活动参与者对此表示不清楚。

从调查结果来看，城市社区武术健身活动发展中，不重视指导活动的开展与组织，这对武术健身活动的开展质量和效果造成了严重影响。为了对这种情况进行改善，应加大专业指导力量，为社区居民科学、规范地参与武术健身锻炼提供保障，促进社区武术健身活动的健康、持续发展，并将更多的社区居民吸引到武术锻炼群体中，促进武术的传播与推广。

表 6-14　社区武术健身活动参与者参加指导活动的意愿（n＝480）[②]

参加意愿	频数	比例(%)
愿意	401	83.5
不愿意	39	8.1
不清楚	40	8.4

[①] 许文.北京市社区武术健身活动开展现状及对策研究[D].北京体育大学,2012.

[②] 同上.

从表6-14统计结果来看,调查的480名城市社区武术健身活动参与者中,有高达83.5%的参与者愿意在武术健身锻炼中参加专门的指导活动,不愿意参加的只有39人,占总调查数的8.1%,剩余8.4%的武术健身活动参与者表示说不清楚。可见,大部分社区居民对专门的武术健身指导都有强烈的需求和参与愿望,以此来提高健身锻炼的科学性、规范性、组织性,达到更好的健身锻炼效果。因此,加强对社区武术健身活动的科学指导十分必要。

九、社区武术健身活动开展的影响因素

武术是中华民族非常宝贵的非物质文化遗产,群众基础深厚,具有增进身心健康、陶冶情操等积极作用。随着社会现代化发展进程的加快,传统体育项目武术的发展与我国的发展渐行渐远,距离越来越远,传统的武术发展明显滞后于社会的现代化发展,这导致不了解、不认识武术运动的人越来越多,参与这项运动的越来越少,从而对武术的普及、传承与发展造成了严重的影响。

从调查结果来看,尽管城市社区武术健身活动的开展取得了一定的成绩,但背后仍存在很多不可忽视的问题,如宣传力度弱、缺乏指导、练习形式单一、制度不健全、场地器材缺乏等。这些问题也是制约社区居民参与武术健身活动的主要因素。具体调查结果见表6-15。

表6-15 影响社区武术健身活动开展的因素(多选)(n=480)[①]

影响因素	频数	比例(%)	排序
缺乏指导	381	79.4	1
宣传不足	353	73.5	2

---

① 许文.北京市社区武术健身活动开展现状及对策研究[D].北京体育大学,2012.

续表

影响因素	频数	比例(%)	排序
制度不健全	312	65.0	3
场地缺乏	145	30.0	4
设施不齐全	142	29.6	5
练习方式单一	101	21.0	6
居民自身原因	46	9.6	7
其他原因	7	1.5	8

由表6-15调查统计数据来看，79.4%的人认为制约社区武术健身活动开展的主要原因是缺乏指导；73.5%的人认为缺乏宣传影响了社区武术健身活动的开展；65%的人认为武术健身活动开展情况不佳主要是因为制度不健全；分别有30.2%和29.6%的人选择了场地缺乏和设施不齐全；21.0%的人认为练习形式单一是影响人们参与武术健身锻炼的主要原因；最后选择自身原因和其他原因的分别占9.6%和1.5%。可见，城市社区武术健身活动开展受限与很多因素有关，必须一一解决这些问题，并善于抓住主要问题及问题的主要矛盾。

第二节　社区武术健身活动开展中存在的问题分析

一、对武术健身知识不了解，宣传力度较弱

虽然武术运动在我国的群众基础较为深厚，但社区居民对武术相关健身知识的了解较少，认知水平较低。调查了解到，可以正确并充分认识武术健身知识的社区居民只有一小部分，而且这部分社区居民中以健身经验丰富的中老年居多。此外，在我国传

统思维观念的影响下,社区居民对武术运动存在一定的偏见,认为武术运动就是一些激烈的对抗和搏斗,适合男性参与,不适合女性参与,这是对武术的错误认识或偏见,对武术的普及和发展造成了严重的影响。

人们之所以缺乏对武术健身的正确认识,主要是因为宣传力度不够,且武术传播方式单一,没有很好地运用现代化的多元传播手段,无法使社区居民对武术的需求得到满足,从而导致社区居民对武术相关知识知之甚少。为此,要在社区通过多种宣传路径提高对武术健身的宣传力度,普及武术运动,使越来越多的社区居民对武术有更多的认识与了解,从而增强武术健身活动对社区民众的吸引力,扩大武术健身人口规模。

二、健身环境较差,武术健身场地缺乏

当前,我国各大城市的现代化发展速度不断加快,城市高楼林立,车水马龙,繁花似锦,热闹非凡。而清新优美、安静舒适的健身环境在城市社区中非常稀缺,即使有这样的场地环境,空间也是有限的,大部分社区居民参与健身活动的需求无法得到满足。在武术健身活动的开展中,充足的健身场地是保证活动顺利开展的基础,场地缺乏或不适合锻炼都会对武术健身群体的锻炼兴趣和积极性产生严重的影响,甚至会使健身者在锻炼中出现损伤。城市社区居民参与武术健身活动,大部分选择在公园、广场或社区空地进行,有限的场地资源限制了武术爱好者充分参与这项活动,也使武术健身爱好者的锻炼效果大打折扣。

三、制度不健全,武术健身活动的开展得不到保障

社区居民参与武术健身活动,需要有健全完善的制度体系来发挥约束作用与规范作用,从而使武术健身活动开展的规范性、有序性、有效性得到保障,促进武术健身锻炼者健身目标的实现。

第六章 武术健身活动的开展与推广

目前,与我国武术健身活动相关的机制较少,不够健全与完善,适用于不同健身人群的健身体系还未构建,这制约了武术健身活动的顺利开展。社区居民大多是自发聚集起来结伴参与武术健身锻炼活动的,自主性较强,而且比较自由,限制因素少,练习者之间也便于交流与互相学习。但因为缺少相应的组织来引导,所以活动规模一直都比较小,这对武术健身活动的全面普及与推广是不利的。

四、缺乏专业指导,武术健身效果达不到预期

在武术健身锻炼中,只有做到科学锻炼、长期系统地坚持锻炼,才能取得预期的锻炼效果。如果与武术健身理念、原理、原则相违背,将参与武术健身活动的初衷抛在脑后,就无法达到好的健身效果,甚至会在锻炼中受伤。为了预防锻炼中出现运动损伤,保证锻炼效果,需加强对武术健身活动的专业指导。但当前我国城市社区武术健身活动开展中缺乏足够的专业指导力量,群众无法科学掌握健身方法,因此健身效果不佳。

在社区武术健身活动的开展中,一般是经验丰富的锻炼者领着刚参与这项运动的锻炼者来练习,也可以说业余武术爱好者是主要指导力量。但业余武术爱好者中参加过武术专业相关理论与技能培训的很少,所以他们对新人的指导也缺乏专业性。他们只是对武术健身很热爱,长期参与其中掌握了技巧,积累了经验,技术比较娴熟,但仅仅靠这些就将其称为社区武术指导员是不严谨的。总之,武术健身指导力量薄弱对社区武术健身活动的科学开展造成了很大的限制,无法保证武术健身活动的效果。

五、组织管理松散,不够规范

我国群众体育管理主要包括政府管理和社会管理两个方面。前者又有专门管理和非专门管理两种情况,后者主要由体育社

组织和其他社会组织组成。其中,体育社会组织主要包括三种类型,分别是行业体育协会、各单项运动协会、各种人群体育协会;其他社会组织主要包括工会所设体育机构、共青团所设体育机构等。

调查发现,我国城市社区武术健身活动开展中缺乏健全的管理系统,针对性政策落实不到位,无法充分发挥政府管理职能和社会管理职能。对此,必须加强对社区体育健身组织的建立,从而将那些没有清楚认识武术健身知识、对健身时间不能合理安排、健身锻炼不够积极主动的社区居民带动起来,使其科学合理地参与武术健身活动,促进武术健身的发展。

六、缺乏相应的竞争机制及鼓励机制

合理而健全的体育竞争机制和鼓励机制会促进社区居民参与武术健身活动的积极性的提高。而这正是我国社区体育健身活动开展中缺乏的,因而对武术健身活动的开展造成了不好的影响。社区武术健身活动多是自发行为,且活动形式不够丰富,因此使武术健身爱好者参与武术健身锻炼的积极性受到了影响,也使武术健身活动缺乏一定的生机和活力,严重影响了更多的人参与进来。

第三节 学校武术健身活动的开展

一、学校开展武术健身活动的意义

(一)促进武术事业的发展

随着武术的国际化传播,武术已成为世界体育文化的重要组成部分之一,且在世界体育文化中光彩夺目,熠熠生辉,发挥着巨

第六章　武术健身活动的开展与推广

大的影响力。

科研在武术事业的全面发展中起到先导作用,教育单位尤其是高校的专家教师资源丰厚,科研队伍庞大,这为开展武术科研事业奠定了雄厚的基础。在"大武术观"方针的指引下,国家从政策上扶持武术教育与武术科研,武术管理部门也给予经费支持,因此武术教育与科研工作取得了良好的成果,也促使《武术段位制推广十年规划》在现实中不断落实。在武术领域进一步加强科研力量和投入,对武术重大前沿课题如武术文化、武术教育、武术竞赛等继续进行深入研究,不断出成果、出人才,可大大从智力上支撑武术事业的繁荣发展,进而实现武术的可持续发展。

在新形势下,创新理念、创新科技和丰富的素材为学校武术的发展注入了新鲜的血液,学校武术与文化相结合,并形成自己的市场,与社会相关领域亲密接轨,促进了武术产品现代化发展水平的提升,也促进了武术的科学化、专业化发展,为武术市场的全面繁荣和武术事业的健康有序发展奠定了基础,提供了保障。

(二)促进民族文化的繁荣

中华民族的发展历史有辉煌,也有曲折,中华文化也随着中华民族的命运而不断发生变化,在经受挑战、冲击后得到更新、发展,并不断突破与创新。我国经济的迅猛发展使国人的生活质量得到了很大的改善,但新旧文化急剧交替、中西文化杂躁等严重困扰了人们的文化生活,影响了人们价值观念的形成和精神走向,使人们处于忧虑、紧张等不良心理状态。潜在的危机告诉我们必须想法设法让民族文化变得强大起来。

武术健身蕴含了中华民族传统文化理念,包括传统医学、传统哲学、传统美学等,强烈的民族风格和丰富的民族内涵渗透其中。在改革开放不断深化的今天,民族文化应该更加从容、自信,更加珍惜并弘扬中华民族的优秀文化,更加积极主动地投入精神文明建设中,并更加胸有成竹。作为中华民族传统文化的象征符号的武术不仅有强身健体的功效,而且在陶冶情操、修心养性方面也有独特的功能,因而能够满足人们追求人生的更高境界。同时,武术健身发展的科学化同步与现代人身心、社会适应等方面的发展相契合,因而武术健身拥有了强大的推广优势,如简单易学,练习形式多样,场地要求较低,健身效果显著等。此外,按照科学的方法创编整理一些武术动作,可进一步丰富武术的内容,给健身爱好者提供更多的选择。

学校民族传统体育教学的开展形成了浓厚的民族传统文化氛围,这为发展武术健身提供了良好的环境。武术作为中华民族传统体育文化的载体,通过国际舞台向全世界人民散发魅力,武术健身已在社会的各个领域都有渗透。武术健身在学校的推广不仅是学生强身健体的需要,更是传承和弘扬中华民族优秀的传统文化的需要。

(三)促进武术健身的推广

学生是社会文化群体中的一部分,其具有一定的特殊性,且对新知识的吸附性较强。在学校推广武术健身,应对学生的学习能力、兴趣爱好等特性加以把握,使其积极参与到推广武术健身的过程中,在不断形成武术健身习惯的同时,将科学的武术健身理念带到社会中,对更多的人产生积极影响。

以武术在高校的推广来说,大学阶段是人的性格和认知不断走向成熟的关键时期,大学生的个性在不断完善的同时也在慢慢地向社会化转变。大学这个时期发挥着特殊的作用,即承上启下,在这个阶段,利用这个关键的契机普及与推广武术健身再好不过,加上武术健身简单易行、对场地设施要求低、投资少等优势,更容易赢得大学生的认可。调查了解到,高校体育教学中,武术已成为普遍的课程,而且大学生对于武术的接受程度也是比较高的。

高校武术社团也极大地推动了武术的推广与发展。武术社团有很多大学生会员,他们是武术爱好者,也是传承武术的重要力量。这些社团甚至会聘请校外知名武术人士来执教与指导学生练习。武术社团的成立是大学生力量汇聚的结果,而且社团也是以大学生为主体而开展活动,这为高校武术健身的推广提供了重要的组织与人力保障。

大学开展武术选修课为进一步推广武术健身提供了重要的内部保障。武术课程现阶段在我国各大高校开展得较为普遍,很多高校都以必修课或选修课的形式开设了武术课,这都是借助学校力量推广武术健身的坚实保障。

(四)扩展武术的全民健身领域,提高武术的社会影响力

很多人都片面地认为只有武术爱好者或武术专业人员才能享受参加武术运动的"专利",从而人为地给武术增添了神秘色彩,也人为地认为武术是有距离感,可望而不可即的。近几年,我国各地如火如荼地开展全民健身运动,加上国家从政策上保障进一步推广与宣传武术健身运动,武术的神秘面纱逐渐被揭开,大众对这项运动慢慢熟识,越来越多的人被吸引,从而参与进来。早在2009年,中国青年报社就通过网络开展了对武术健身的相关调查,在接受调查的2 641人中,认为武术是非常具有中国特色的健身项目的人有79.0%,支持将武术运动列为全民健身内容而大力推广的人有89.1%。经过了将近十年的时间,武术健身推广进展可观,成果颇丰。

我国教育部和国家体育总局于2010年联合下发《全国中小学系列武术健身操》关于推广与实施武术健身的文件,该文件使全国中小学掀起武术健身热潮。2013年,体育总局举办"2013全国武术健身操培训班",这使武术健身项目在全民健身活动中得到进一步的普及与推广。

此外,武术健身活动也因大众体育活动和相关赛事的不断举办而得到了进一步的推广,如我国开展的"全民健身日"活动中有关于武术健身的活动。这些活动由中国武术协会引领,各地方武

术协会共同参与其中,各武术协会工作的积极性因此而被广泛调动起来。武术健身项目在众多体育项目中彰显了自己的优势,有关部门对广大群众进行规范有效的科学武术健身给予正确的引导和指导,全面性地宣传了武术健身运动,这为学校武术健身推广提供了良好的社会环境。此外,学校尤其是高校也开展各式各样的武术套路、太极拳等比赛活动,对武术健身的发展起到了极大的推动作用。

二、学校开展武术健身活动的影响因素

表6-16 学校武术健身活动开展的影响因素调查[①]

影响因素	体育教师 频数	体育教师 百分比	学生 频数	学生 百分比
政府部门政策落实不到位与监督力度弱	52	7.9%	277	6.6%
学校场地器材设施缺乏	105	16.0%	799	19.1%
学生武术锻炼意识薄弱	78	11.9%	203	4.9%
学校领导及教师的重视程度低	81	12.3%	515	12.3%
社会武术文化氛围不浓厚	70	10.7%	380	9.1%
学生学习压力大,锻炼时间不够	120	18.3%	1 402	33.6%
学校武术健身气氛不热烈	76	11.6%	484	11.6%
家庭支持力度弱	46	7.0%	88	2.1%
其他因素	28	4.3%	25	0.6%

影响学校武术健身活动开展的因素是多方面的,通过对武术教师及学生进行调查后得出,校内、校外都有影响学校武术健

[①] 平金来.山东省中小学武术健身养成教育研究[D].曲阜师范大学,2013.

第六章　武术健身活动的开展与推广

身活动开展的众多因素。以曲阜师范大学平金来的调查数据为参照（表6-16），可以看出，有7.9%的教师和6.6%的学生认为政府部门政策落实不到位与监督不力影响了学校武术健身的发展；认为学校硬件条件不足对武术健身活动的开展造成影响的体育教师有16.0%，学生有19.1%；分别有18.3%的体育教师和33.6%的学生认为学生学习压力大，没时间参加武术健身影响了学校武术健身的开展；武术锻炼意识薄弱，对武术健身活动不感兴趣的学生有4.9%，这也是学校武术健身活动开展情况不乐观的主要影响因素；认为学校领导、教师对武术健身不重视而影响了学校武术健身开展的体育教师和学生都是12.3%；10.7%的体育教师和9.1%的学生认为学校武术健身的开展受社会武术文化氛围的影响；11.6%的体育教师和11.6%的学生认为学校武术氛围影响了武术健身活动的开展；此外家庭支持力度不够及其他因素也对学校武术健身的开展造成了不同程度的影响。

我们可以将影响学校武术健身活动开展的主要因素归纳为以下几方面：

（一）政府方面的因素

（1）学校武术健身活动的组织与实施离不开政府相关部门的大力支持和监督。教育主管部门要推动校园武术政策积极落实，不定期检查学校武术健身活动的实施情况。政府部门只有对此给予高度重视，才能引起学校领导的重视。

（2）教育部门和国家体育总局都比较重视校园武术的开展，为推广校园武术而采取了一系列措施。《九年义务教育全日制初级中学体育教学大纲》中规定将武术项目纳入体育教学内容中，《体育与健康教学大纲》规定体育课程构建中，武术是必修内容，全国各中小学积极开展武术健身操武术，武术段位制进校园等都表明我国政府对推广校园武术的重视。

（3）政府部门要积极改善学校的武术硬件条件，加大资金投入力度,创建良好的校园武术健身环境。

(4)有关政府部门应成立领导小组,专门负责监督与评估学校武术健身活动的组织情况,并在各种考评中将此作为一项考评指标,使评估机制的导向作用得到充分发挥,从而更好地推进学校武术健身活动的更好更快发展。

(二)社会方面的因素

1.社会经济水平

学校武术健身、武术教育的发展速度及规模直接受社会经济发展水平的影响与制约。社会经济发展迅速,学校筹集武术经费的可能性就会提升,学校只有具备资金条件,才能及时添置武术硬件设施,这样武术健身活动的组织效率也会提高,学生对武术的需求也就能够得到保障,相应地也会扩大武术健身活动的规模。相反,如果社会经济落后,学校筹不到武术经费,武术健身与武术教育的发展都将受到致命的影响。

2.社会环境

首先,狭义的社会环境指的是现实生活环境,再具体到学校中,就是周围社区环境。如果社区武术健身氛围浓厚,每天都有很多人在社区广场进行武术健身锻炼,那么青少年学生耳濡目染,也会受到影响,逐渐对武术运动产生兴趣。

其次,社会人文大环境也是影响学校武术健身发展的主要环境因素,这个影响是无形的,但不可忽视。武术中的很多思想具有积极价值,对我们的日常行为具有规范作用,也对我们的价值观念有很大的影响。只有在浓厚的社会武术文化氛围中,学校武术健身的开展才有希望,因此构建健康的社会武术文化氛围非常重要。

第六章　武术健身活动的开展与推广

(三)学校方面的因素

1.学校领导的重视程度

学校武术健身与武术教育的开展情况直接受学校领导对武术重视程度的影响。调查发现,部分学校领导不是特别了解与明确学校开展武术健身活动的目的和意义,所以重视就更谈不上了;学生对学校领导的态度也时刻关注着,12.3%的学生认为学校领导的重视程度影响武术健身的开展。学校领导只有对此高度重视,才能保证武术场馆器械等硬件设施的数量与质量,保证学生的武术锻炼时间,从而为开展武术活动提供基础条件。相反,假若学校领导不重视武术工作,也就不会投入足够的经费,不会添置武术设施器材,从而使学生参与武术健身的积极性受到影响,武术健身养成教育的开展也就因此而搁浅了。由此可见,学校领导尤其是高层领导对武术工作的重视是校园武术健身发展的重要保证。

2.武术场地器材设施

武术健身活动的开展要以充足的武术器材设施配置为物质保证和基础条件,学校武术的开展同样如此。现代社会经济发展水平不断提高,学校对武术场地器材等硬件设施的投入力度也不断加大,校园武术发展的硬件条件因此而得到了一定的改善。但武术器材设施条件不能满足学生武术锻炼需要的学校依然有很多,武术教师的教学热情和学生的武术锻炼积极性因此而受到影响,对武术健身与教学的顺利开展造成了制约。

3.武术师资队伍

学校武术教育与武术健身活动的直接执行者是武术教师,提高学校武术教学水平,加强武术师资队伍建设是发展学校武术的重点。学校要定期组织武术教师进行学习、专业培训,促进武术教师专业素质的提升,鼓励武术教师全身心投入武术教学,并积极组织武术健身活动,提高武术教学质量和健身活动的组织效果,激发学生参与武术锻炼的积极性。武术教师在武术教学中应大胆改革,积极创新,从而进一步优化武术教学质量,也为学生参与武术健身活动奠定基础。学校要多引进优秀的武术教师,充分发挥优秀教师的优势,使之成为推动校园武术发展的重要力量。

4.学生的武术健身意识

学生的武术健身意识是学生通过对武术的了解认识以及武术与自身等关系的一种自觉能动反映。[1] 学生武术锻炼行为的养成需要具备较强的武术健身意识这一前提,如果学生的武术健身意识薄弱,那么就会阻碍武术锻炼行为的养成。所以说,良好的武术健身锻炼意识是武术健身行为与锻炼习惯养成的重要条件。我国青少年学生的主动锻炼意识比较薄弱,因而影响了其锻炼行为的落实,所以要积极培养学生的锻炼意识,提高其对武术健身的正确认识,使其自觉参与武术锻炼,养成良好的锻炼习惯。

5.校园武术文化氛围

校园是弘扬武术文化的重要阵地。学校武术健身不仅能促进青少年学生身体健康,也能弘扬武术文化和民族传统文化,同时这也是实现全民健身战略目标的重要途径。对学校武术文化氛围的营造首先应从激发学生的武术兴趣着手,对多种形式的武术活动进行组织与开展,使学生在参与中慢慢产生兴趣,逐渐形成好的健身习惯,从而推动校园武术文化建设与发展。

学校武术在浓厚的校园武术文化氛围中可以得到很好的发展,这是非常重要的发展环境。在这样的环境与氛围中,学生无形中受到氛围的熏陶,积极参与武术健身,再积极影响其他同伴,

---

[1] 平金来.山东省中小学武术健身养成教育研究[D].曲阜师范大学,2013.

形成良性循环。

第四节 武术健身活动的推广策略研究

一、社区武术健身活动的推广策略

(一)加强宣传,提高居民对武术健身的认识水平

我国武术健身的群众基础浓厚,社区居民尤其是中老年人对此普遍比较喜爱。武术内容丰富,练习形式多样,健身效果显著,相关部门应该从各地区社区居民的实际情况出发进一步宣传武术健身活动,将杂志、报纸、广播、宣传栏、互联网论坛等传统与现代化传播手段充分利用起来,让更多的社区居民对武术健身活动的知识有更充分的了解和认识,对其在全民健身中的重要作用有深刻的理解,使社区居民能从个人情况出发积极参与到适合自己的武术项目健身锻炼中。

(二)创造良好的健身环境,加强武术健身场地设施建设

相关部门及社区组织应从人、财、物等各种资源上加大对武术健身活动的投入力度,对当前的健身环境进行改善,加强对武术健身场地的建设。在社区规划中,应为社区武术健身活动的开展保留一定的空间,从而使社区居民参与武术健身活动的需求得到更好的满足,推动武术健身进一步发展。

(三)政府加大对武术健身活动的管理力度,科学制定与严格落实相关政策、方针

武术是中华民族的魁宝,在推动武术传播与发展方面,政府承担着重要的使命。在全国普及武术文化,普及民族传统文化,并将武术推向世界,获得全世界的认可等是政府的职责。为此,

政府需从以下几方面努力：

首先，制定推动武术健身发展的相应政策和方针，为武术健身的顺利开展提供保证，将社区居民武术健身活动的基本信息和内容弄清楚，用科学方法对实践开展过程进行指引。

其次，制定武术健身运动保障机制，对外来的干涉因素形成抵抗力，确保武术健身活动在社区能够健康有序开展，这也是构建社会主义和谐社会的要求。

最后，政府部门严格管理武术组织、协会，发挥专门武术组织的职能作用，组织内部分工明确，组织之间协调合作，共同推进社区武术健身事业的持续发展。

（四）深入挖掘专业武术人才，壮大武术指导力量

当前，我国社区武术健身活动的开展因缺乏足够的指导力量而受到了制约，社区居民参与武术健身的效果也因此而得不到保证。对此，必须对武术专业人才进行深入挖掘与科学培养，从而使社区武术健身活动的指导力量不断壮大。

首先，要积极加强对外来武术专业人才的选聘，使其科学指导社区居民参与武术健身活动，保证社区居民进行武术健身锻炼的效果，促进社区居民健康。

其次，对社区居民中的武术专业人才进行挖掘与专业化的培训指导，提高其武术专业知识水平、技能指导水平，从而使社区内部的指导力量得到提升。

（五）加强对相关机制的建设与完善，提高社区居民健身锻炼的积极性

在社区武术健身活动的开展中，要从各社区的具体实际出发对观摩、表演、比赛等不同形式的竞争机制进行构建，促使横向和纵向交流的拓展，为武术健身活动增添活力，并促进社区居民参与武术健身锻炼的积极性的提高与主动性的增强，将更多的社区健身爱好者吸引到武术健身活动中。

第六章　武术健身活动的开展与推广

（六）基于武术特色，对合理多元的武术健身方法进行开发与设计

表演和技击是武术的两大特色，在武术健身活动的开展中，应将这两大特色充分发挥出发，并将二者融合，在发挥武术健身功能的同时发挥其娱乐功能与竞技功能。在武术健身中融入武术的特色，对合理的武术健身方法进行开发与设计，通过多元的健身方法使社区居民对武术的功能有更深刻的理解，这能够大大增加武术健身对居民的吸引力。

社区居民参与武术健身活动，多是为了达到"健身"的目的，因此在武术健身活动内容开发中应加强对"游戏"性武术的开发，或者对武术健身操与表演操进行编排，或者设计一些游戏类的练习方法，这不仅能够吸引居民参与武术健身，还能为武术运动的发展探寻新的方向。

二、学校武术健身活动的推广策略

目前，在武术健身推广的相关研究中，以社区武术健身为集中研究的热点，特别是多研究老年人的武术健身，如太极拳、太极剑健身等。如何发挥武术健身的优势，使其与大学生的身心发展现状相结合，对高校武术健身的有效推广策略进行制定与实施，成为高校武术健身发展中需要考虑的重要问题。本书结合学生的特点提出高校武术健身活动推广的策略关系图，如图6-1所示。下面具体分析图6-1所示的几大策略。

（一）提高国家政策扶持力度

首先，政府部门与专业武术人才应联合制定一套普遍适用于大学生群体的健身理念和健身方法，并在部分高校对此进行试运营，在实践反馈中不断修改与完善这套理念与方法，并在此基础上制定一套可行的政策法规，向各个高校下发政策文件，提高总

体的宣传力度与效果。由专业武术人士参与制定的政策法规在理论上更具科学性，与实际更切合，因此在校园武术健身中对此进行宣传可获得大多数学生的认可。

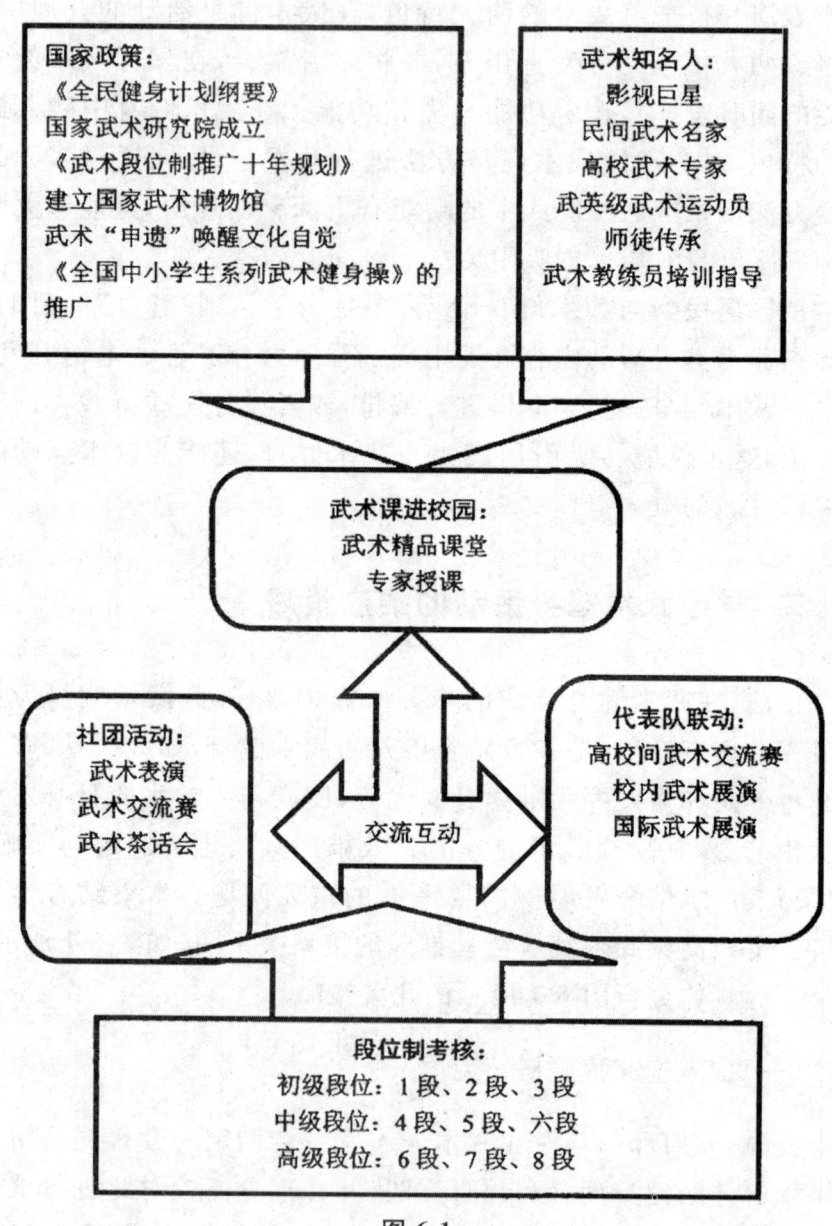

国家政策：
《全民健身计划纲要》
国家武术研究院成立
《武术段位制推广十年规划》
建立国家武术博物馆
武术"申遗"唤醒文化自觉
《全国中小学生系列武术健身操》的推广

武术知名人：
影视巨星
民间武术名家
高校武术专家
武英级武术运动员
师徒传承
武术教练员培训指导

武术课进校园：
武术精品课堂
专家授课

社团活动：
武术表演
武术交流赛
武术茶话会

交流互动

代表队联动：
高校间武术交流赛
校内武术展演
国际武术展演

段位制考核：
初级段位：1段、2段、3段
中级段位：4段、5段、六段
高级段位：6段、7段、8段

图 6-1

第六章　武术健身活动的开展与推广

其次,政府相关部门做好"后勤"工作,积极取得与校园武术社团、校园武术协会等校园武术组织的联系,密切沟通,相互协商,将大学生在武术健身锻炼中遇到的各种障碍因素及时消除,为大学生参与武术健身锻炼提供良好的校园环境。

最后,政府部门应带动相关组织在高校适时举行武术比赛或其他形式的武术活动,以集体活动的方式对武术健身的作用与功能进行宣传。通过比赛促进学生参与意识的增强,使武术健身的影响力进一步扩大;通过各种形式的武术活动,对更多的大学生武术爱好者产生吸引力,使参与武术健身运动的大学生人数不断增长,使校园武术健身活动的规模不断扩大。这样,在政府部门及武术专业人士的大力宣传与推动下,将武术健身的影响力在校园内不断扩散,从而为大范围推进这项活动奠定了良好的基础。

(二)武术知名人士进校园与学生相互交流

为提升校园武术健身活动的活力与新鲜感,可积极落实武术知名人士进校园,这也是促进校园武术活动内容不断丰富的可靠路径。一般在整个推广过程中的后半部分实施这一环节,从而促进学生武术学习兴趣的提升,避免学生因疲劳或其他因素的干扰而半途而废。学生通过与武术专业人士的交流,可以认识到自身健身中的不足与问题,从而及时改正。学生也可分享自己的锻炼心得,受到更好的启发。武术专业人士可将积极健康的武术健身思想扩散到校园的每个角落,从而推动武术健身运动在高校中的推广。

武术知名人士进校园,可通过多种多样的形式与大学生交流互动,下面分析两种常见的形式。

第一,武术知名人士与校园武术社团负责人共同对全校武术健身宣讲会进行组织举办,使全校武术爱好者与武术锻炼者积极参与这项活动,相互交流,共同进行理论探讨和技法切磋。

第二,通过表演展示的方式进行交流,打破大学生只靠观看视频的方式感受武术魅力的局面,使其亲临现场对武术表演活动进行观看与欣赏,进而提高学生的主观认识,使其更加喜爱武术这项运动,将其学习武术的兴趣进一步激发出来。

第三,选拔武术技能较好的学生与武术专业人士展开较量,使大学生充分展示自己,并在比赛中获得启发,达到自我激励的效果,这比外界的鞭策更有效果。

(三)开设武术健身课程

在高校开设武术健身课程可促进校园武术推广和传播的进一步深化。这是将大学生武术业余爱好者与武术专业练习者真正结合的关键环节,从而真正落实对武术的推广。这也是构建校园武术健身活动推广模式的核心环节,它与社团教学相区别,开设武术健身课,能够使其在"班级授课"中真正落实。社团教学只是把学生领进这个领域,而武术健身课教学是学生真正开始在该领域"修行"的过程。

1. 武术技术学习与内涵学习相结合

传统武术课大都以武术套路、技法等为核心展开教学,学生对博大精深的武术缺乏文化层面的认识,这也是大学生会错误地认为武术就是"武侠片"中的"飞檐走壁"的主要原因。传统武术教学中的武术断层现象对武术健身的普及与推广、对武术文化的传承与弘扬极为不利。

随着社会的进步与经济的发展,武术文化范畴日渐扩充,根植于中华几千年文明中真实存在的武术备受大众欢迎,因而武术运动才代代传承至今。所以,要真正在校园中普及与推广武术,进而向社会更广阔的领域推广武术,就必须在武术课程教学中将武术的内涵学习与技法学习融合起来,相辅相成,大力传承武术文化。

学习武术的内涵要理解武术深邃的的文化底蕴,让学生感到学习武术是一种使命,是非常自豪的,从而激发学生对武术运动真正喜爱的情绪与态度。学习武术的文化内涵,可采用多种形

第六章　武术健身活动的开展与推广

式,如观看纪录片,同时与理论教学、专家讲座相配合等。这种教学模式虽从武术内涵入手,但最后都会落实到武术套路教学中,从而将文化内涵的学习与技能学习有机融合,使传统武术课教学中武术文化学习不足的问题得到了解决,真正引领大学生对武术内涵进行全方位的了解,使大学生从内心深处产生对武术健身形式的认同感。这有利于他们将武术健身作为终身健身的主要内容,从而促进了武术健身推广与发展的可持续性。

2. 配套开设多种课程

传统武术教学中,学生参与武术练习"从课堂教学开始到课堂结束终止",为避免该武术练习模式继续出现,避免"外行"教"外行"的不良现象出现,需在武术课教学中落实多种课程体系的配套开设。传统武术课堂教学中,学生只在短暂的一个学期了解武术,学期结束,武术课程结束,学生便没有更多的机会接触武术,对武术的认识水平始终得不到提高。只有真正爱好武术运动的人才会利用课余时间继续参与武术练习,但机会也有限。为了解决这些问题,高校应配套开设多种课程体系,改变传统单一的武术练习模式,将多层级的教学模式运用到武术课程教学中。具体做法如下:

（1）不分年级开设课程。

开设课程突破严格的年级划分限制,形成一套从理论到基础再到专业套路的具有连贯性的课程体系,各年级学生可从个人情况出发对课程进行选择。现代科技迅速发展,学生可更为简单而便利地通过计算机网络进行选课,学校也可利用计算机网络进行课程管理。只有根据学校的实际情况和教师的配备情况进行合理规划,才能创建一套更有可行性的课程体系。多层级的课程对武术教师的专业素质提出了更高的要求,所以要避免传统武术教学中的随意行为。新的课程体系将武术健身真正融入大学生生活和学习中,为大学生进一步了解和学习武术提供了便利,也使大学生的武术健身行为习惯真正形成。

(2)放低门槛,吸引大量的学生。

不仅要贴近学生实际来安排课程内容,还要在切实考虑学生实际情况的基础上制定收费课程的收费标准。这里的收费课程是指学校规定必修课时之外的其他课时,学校可根据本校的实际条件而适度开设这类课程。设置收费课程可使学校引进武术专业教师的压力得到缓解,也可使学生的学习环境得到进一步的改善。这类课程与健身俱乐部中的会员制相似,学生交纳一定费用即可学习课程内容,这能使学校的经济压力减少,也能更好地督促学生的练习。

(四)组织武术社团活动

校园武术社团为在学校推广武术健身运动提供了重要的人力保障和组织保障。因此,在推广校园武术健身运动中,武术社团是不可或缺的重要部分,理应得到重视,也应将此途径积极利用起来,发挥其作用。下面具体分析如何在高校武术健身运动的推广模式中发挥武术社团的作用。

1. 通过政策扶持武术社团的发展

目前,高校武术社团在组织管理上较为松散、随意,相关部门对此不够重视,而且社团也缺少经费,无法保证为社团成员提供充足的训练场地和器材,且缺少宣传,这些都是高校武术社团普遍存在的问题。必须切实解决这些问题,改善社团运行现状,才能更好地发挥其推广武术健身的作用。

(1)上一级武术相关部门统一管理本地高校的武术社团,对社团的武术指导员统一配备,使武术社团在相关部门的统一扶持下真正"活起来"。

(2)各个武术社团加强对自身内部结构的调整与完善,领导小组应该由真正懂武术和爱好武术的人组成,这样武术健身的开展才能真正得到推动。

(3)加强高校间不同武术社团的交流,定期举行武术比赛或其他形式的活动,宣传武术健身,真正实现高校之间武术知识、技能和信息的共享。

2.武术社团实行分层教学制

高校武术社团在武术健身运动的推广中起到重要的带头和推动作用,这是毋庸置疑的。因此要重视武术社团的地位,充分发挥其价值。目前,高校武术社团并没有完全履行自己所应承担的责任,或履行责任的效果没达到预期,尤其是在引导武术爱好者参与武术健身锻炼上没有发挥应有的作用,社团武术教学笼统、教学质量低等是造成这些现象的主要原因。因此,目前应加强对武术社团教学和管理模式的积极改善,在"因材施教"的原则下落实分层教学模式,从而真正发挥高校武术社团推广武术健身活动的重要作用。

分层教学是从大学生武术爱好者的个人特点和实际需要出发,对学习内容进行分层安排,让学生自主选择的一种教学形式。比如,在武术基本功和套路练习中,如果不分析具体情况,所有学生都练习基本功开始,就会使基本功底好的学生失去练习的积极性;而如果直接都从练习武术套路开始,又会使基本功不扎实的学生跟不上节奏,不能保证武术练习的质量。所以学校要根据学生的实际情况和不同起点,采用分层教学模式,这不仅可以提高学生从事武术练习的兴趣,还能取得好的教学效果。

(五)高校武术代表队联动

高校武术代表队一般都是高校的优秀武术队伍,他们是本校武术项目最高水平的代表,代表本校向外界展示本校武术水平与魅力。在高校武术健身活动的开展中,武术代表队起到了非常重要的带动作用。庞大的高校武术群体为高校间武术比赛的举办注入了新鲜的血液与无限的活力。大学生运动员积极踊跃地参加比赛,高水平高素质的教练员、裁判员积极履行自己的职责,从而为高校武术比赛的举办提供了重要的保障。

(六)武术段位制高校考核

在武术段位制推广中,学校是非常重要的阵营,国家体育总局武术运动管理中心也对此予以认可。在全国各级各类教育体系中纳入武术段位制,并且将高校丰富的教学资源与平台利用起来,发挥高校推广武术段位的作用,这也是对高校广泛传播武术健身所寄予的厚望。高校具有推广武术段位制的良好优势,具体表现在以下几方面:

(1)大学生对文化的吸收能力较强,可以很好地传承武术文化。大学生是武术传播的重要主体,借助该主体的力量可促进武术在学校的推广。高校引入武术段位制,可为武术的发展、传承提供更多一份保障。

(2)高校开设了武术及相关课程,且取得了良好的教学成果,这为引入武术段位制提供了重要条件。将武术课程教学与武术段位制结合起来,可进一步加强不同武术群体的沟通及不同部门的交流,真正实现武术课程的课内外一体化。而且大学生通过参与比赛等武术活动,可以与社会武术社团、团体加强沟通与交流,这能够促进校园武术健身真正融入全民健身体系中。

(3)地方上大学城的出现为传播与落实武术段位制提供了便利,位于同一大学城的各个学校之间可通过武术段位制比赛展开武术方面的交流与技能切磋,积极营造良好的校园武术发展氛围。

高等院校的上述先天优势使得武术段位制进入高校有了很大的可能。将武术段位制引入高校不但可以对武术练习者的成绩进行检测与评估,而且能够使不同学校、不同地区间的武术文化交流进一步加强。这种考核制度较为规范化,有助于有序推动武术健身运动在学校的开展,从而对科学的学校武术健身体系进行构建并加以完善。

在高校推广武术段位制,还能使全民健身体系的内容更加丰富,使全民健身制度的严谨性进一步增强。现在,已有很多高校

第六章 武术健身活动的开展与推广

将设置武术段位制教程列入教学大纲,如北京体育大学、中山大学、华中师范大学等,有些高校更是在课外活动中落实这项工作。总之,在国家武术政策的指导下,武术段位制将会在高校得到更好的落实与发展。

在高校武术健身推广策略中,将武术段位制考核放在最后一个阶段,主要是为了总结大学生的武术健身练习情况,并在这一环节发现大学生在武术健身中存在的问题、不足。该考核方式具有多样性、多层级性,考核结果能够为国家制定武术相关政策提供参考,能够对高校武术健身的大方向加以正确的把握。而且有了考核的促进,还能使大学生参与武术健身的积极性得到大幅度的提高。

第七章 武术健身产业的发展研究

当前,全民健身活动在全国范围内如火如荼地实施,这为我国发展武术健身业提供了良好的契机。我国实施全民健身计划以来,全国体育锻炼人口不断增加,大众健身基本设施日趋完善,人均体育健身消费额也有上升趋势,社会健身事业的发展达到一个新的水平。在这个大的发展背景下,武术健身业作为新兴的第三产业,更应该彰显自身的活力与生命力,应该在不断完善自身的同时为体育产业与事业的整体发展出一份力。本章主要就武术健身产业的发展进行研究,主要内容包括武术产业化发展之路、武术健身业概述、武术健身业的发展情况及推动武术健身业可持续发展的对策。

第一节 武术产业化发展之路

一、武术产业化发展势在必行

随着我国市场经济体制的建立,体育产业已涌入中华大地,不管是体育产业的资本投入率,还是发展前景,与其他产业相比都有超越的趋势,如足球职业化发展在短短几年间就带来了规模庞大的消费群体。武术是我国优秀的民族传统文化,包含哲学、医学等传统学科精华,并汇聚了中国传统文化的精粹。武术拥有巨大的健身价值和强大的实战威力,从这两个方面来看,这是任何现代化健身方法都不可比拟与超越的。随着我国经济的不断发展,武术在体育界将奠定自己更高的地位。

中华武术在改革开放以来取得了可观的发展成就,这在竞技体育领域、全民健身方面等都可以体现出来,如在全民健身方面,我国的武术锻炼人口高达几千万。随着武术在世界上的广泛传播,喜爱这项运动的人已遍布世界各地。国际武术联合会、洲际武术联合会的成立与规模的扩大都为武术的国家化传播与推广提供了有利条件。同时,武术赛事频繁,很多武术赛事的举办都是武术产业化的积极探索,如世界武术锦标赛、全国武术锦标赛及中国武术散打王争霸赛。在当前社会主义市场经济条件下,武术必然会走向市场,走向产业化的发展轨道。

二、武术产业化发展的瓶颈

(一)武术套路比赛没有观众

大量的观众是武术走向市场和产业化必不可少的基础条件。观众的规模在某种意义上而言就意味着市场的空间,武术项目如果没有观众参与,就不会有市场,也不会得到企业投资赞助,而没有观众这一基础条件,自然也就不可能形成产业。武术套路要走向市场,必须将其观赏性不断提高。

全国武术锦标赛、全运会武术比赛可以说是我国最高水平的武术赛事,是中国武术套路竞赛最高技术水平的代表,按理说这些赛事应该对观众有很强的吸引力,应该会座无虚席,但实际情况并非如此。缺少观众导致武术赛事的举办得不到投资商的支持,因此武术相关产业发展非常艰难。

(二)散打比赛存在缺憾

武术散打运动经过几十年的发展取得了可喜的进步和成绩,在国内外产生的影响都非常巨大。尤其是最近几年,我国在武术散打运动上放松了对规则和护具的限制,使散打比赛的激烈性、紧张性、刺激性、精彩性大大提升了,从而有效提高了散打的观赏性。随着我国推出散打王争霸赛及国际散打商业比赛,中国武术散打的影响力进一步扩展到海外。

但不可否认的是,一些散打比赛看起来平淡乏味,选手之间消极搂抱使散打比赛的激烈程度大大降低,使散打比赛的观赏性急剧弱化。散打运动因赛事平庸乏味而难以走向市场化、产业化发展之路。

三、武术产业发展前景的新思考

(一)利用武术资源优势来开发武术产业

我国发展武术产业,应将丰富的武术资源充分利用起来,发挥资源优势。

1. 武术人口资源

武术产业的发展是以庞大的武术人口资源为依托的。我国人民历代以来对武术崇高境界的追求和向往使武术运动拥有了雄厚的群众基础,也形成了较为庞大的习武群体。目前我国已将100多个挖掘整理出来的武术拳种编辑成各种出版形式,如图书、音像和电子出版物,并对这些拳种进行宣传,对传承与传播人员进行相应的培训。据不完全统计,我国现有6 000多万武术人口,1 000多所武术馆校,武术馆校有100万常年练武人数。大量的武术人口为我国开发武术产业消费市场奠定了基础。

2. 武术技术资源

武术服务业及相关行业、部门之间形成的资源就是所谓的武术技术资源。开发武术技术市场需要加强对武术竞赛技术的培训,因此要开展信息广告宣传,开馆办班,开发武术用品、图书音

第七章　武术健身产业的发展研究

像,举办擂台赛,创办武术节等工作。当前我国主要有私营和官办两种武术技术市场经营模式,经费问题通过多渠道解决,如贷款、集资、赞助等。在多方努力下,由政府、武术协会、武馆、企业、出版业等相关单位组织共同参与的武术产业格局基本形成。

在武术技术服务业运作中,成功的案例有很多,如1988年中国武术协会举办国际武术节,集资达到3 000万元的大数额。目前我国武术用品企业有100多家,这些企业在当地都是盈利企业。音像图书出版方面,《简化太极拳》一书由人民体育出版社出版,高达800万册的发行量使我国的"太极迷"越来越多。我国武术馆校的建设和运作为武术产业的发展贡献了不可忽视的力量。

3. 武术制度资源

武术产业的发展要以健全的武术管理制度为支柱。自我国设立"中国武术管理中心"以来,武术市场管理制度、武术段位制、教练员岗位培训制度、武术等级运动员制度等一系列武术法规文件、管理文件在该组织的领导下被制定并不断落实,规范了武术馆校教练员的资格认证和武术等级考核认证,并在评价与考核武术爱好者技术水平方面形成了科学的体系标准,从而为武术产业的发展提供了重要的法律依据和法律支撑。

4. 武术人才资源

武术产业发展离不开丰富而优质的人才资源这个重要的先决条件和支柱,也正因为有武术人才资源,中华武术才有了走向国际市场的基础条件,武术国际化发展才有了可能。

5. 武术旅游资源

中国武术历史悠久,蕴含武术文化的古迹名胜非常多,有很多都是武术流派的发源地,如湖北武当山、温县陈家沟、河南嵩山少林寺、山东梁山、四川峨眉山、福建南少林等。利用这些地方武术名胜资源开发旅游业,并带动武术产业发展具有得天独厚的优势,可谓"借地生财"。例如,河南举办"登封少林武术旅游节",吸引了大批国内外游客,每年都有几百万游客到少林寺参观,为当地带来了丰厚的经济收入。此外,这些地方的旅游业还形成了较为成熟的发展模式,积累了丰富的经验,对其他地区发展武术旅游具有借鉴意义。

(二)大力开发市场

要推动武术的产业化发展,首先要将其推向市场,因此必须加大资金投入,想法设法展开市场开发工作。虽然国外在这方面已有成功的经验,但我们不能全盘借鉴,要在合理借鉴的基础上勇于探索,不怕失败。在古代,武术发展水平高与当时的环境背景有关,习武可以成为政治资本,向统治阶级行列涌入。但在新的时代背景下,武术已失去了传统的政治地位,我们要对新的发展支撑点进行探索。现代体育因健身、娱乐、休闲等功能而拥有广阔的发展空间。武术以其独特的优势与功能也能找到自己的市场。

篮球运动在19世纪90年代之前还不知是何物,而今已成为美国体育界的支柱产业。中华武术历史悠久,内容丰富,更应该取得辉煌的成就,实现可持续发展。要推进我国武术产业化,就必须强调武术第一性,即技击性,失去技击的本质,就无所谓武术。武术技击是促进武术练习形式形成与发展的动力,只有发挥武术的技击性,才能赢得市场,因此在这方面要不断努力,加大资金投入力度,使武术走向产业化。这方面我国目前取得的较为可喜的成就是中国武术散打王联赛的成功举办,这一赛事吸引了大量消费者与赞助商,未来市场不可估量。

(三)积极引导消费,继续完善市场体系

优化武术产业结构,需要对门类齐全、结构合理、功能齐备的武术市场体系进行建立,这也能够为武术产业的蓬勃发展奠定坚

第七章　武术健身产业的发展研究

实的基础。武术市场有本体市场和相关市场之分，如武术健身娱乐市场、武术咨询市场、武术竞赛表演市场、武术人才市场、武术无形资产市场等是本体市场，武术彩票市场、武术广告市场、武术旅游市场等是相关市场。从结构上来看，一般由本体市场带动相关市场发展。为了进一步发挥本体市场的带动作用，必须首先壮大本体产业，扩大本体产业市场，具体就是进一步扩张武术健身娱乐市场、竞赛表演市场，将此作为龙头重点培育，对科学、健康的健身娱乐观念进行宣传，引导武术消费结构的调整与优化。此外，还要尽快建立缺位的本体市场，即开发武术人才市场、咨询市场，充分发挥武术人才、技术在武术市场流动中的重要作用。

(四)建设优秀的武术人才队伍

在知识经济时代，社会主体产业以教育业、传播业、信息服务业等为主。各行业的竞争也是人才的竞争，人才是竞争的焦点。武术产业化同样有赖于一支高水平的优秀人才队伍，这支队伍的主力既要熟识市场经济运行规律，了解国家经济政策和有关法律法规，精通市场营销技巧，又要懂经营、善管理。这样的队伍才是武术产业化发展的可靠保障。

培育优秀武术专业人才的具体措施如下：

(1)开展武术人才教育工程，发展武术教学、武术科研，选派专业外援人员补充到武术组织、机构中。

(2)加快对高学历武术人才的培养，对高校武术专业课程设置进行合理调整，对能开发设计武术新产品、能跟上国际体育发展趋势的人才进行培育。

(3)加强对武术相关工作者的岗位培训，形成网络梯队，推向人才市场，最大化地发挥其价值。

(4)开发网上人才市场，挖掘民间武术人才，培养其贡献社会的意识。

(五)建立宏观调控机构、健全法律体系

首先,建立武术产业发展的宏观调控机构。该机构以中国武术协会为中心,从而在整体上指导与协调全国武术产业开发。加强对武术市场的专业指导与科学管理,减少发展的盲目性,主要管理手段有经济手段、法律手段、行政手段等。

其次,对适用于武术产业的一系列法规进行制定,完善相关法律法规体系。在依法开发武术市场,扩大武术产业规模中,要积极鼓励和引导境外企事业单位和个人的参与。此外,要重视对武术产业要素市场的建立健全,包括资金要素、信息要素、人才要素、技术要素等,加强对外合作,构建开放性的武术产业格局。

最后,根据上级文件精神,整顿治理全国武术馆小,建立规范化管理体制和运行机制,提高武术馆校的运作效率,优化武术馆校的教学质量。

第二节 武术健身业概述

一、武术健身业的概念

基础经济学中这样界定产业的概念:"生产同类产品或提供类似服务的经营单位元的集合就是产业,产业是具有某种同一属性的企业的集合,是国民经济中以某一标准划分的部分"。[①] 产业由技术、物质资料构成,这是两个基本要素,经济活动的开展不能光有人力、物力,还要投入运作资金,这是最重要的。

---

① 马升云.西安市武术健身业发展现状及对策研究[D].西安体育学院,2013.

第七章　武术健身产业的发展研究

武术健身业是产业的组成部分,而且属于第三产业。根据产业的概念,从产业经济学的视角可以将武术健身业的概念定义为:"以健身服务项目作为媒介,利用武术健身的场所环境,满足消费者健身需要的服务行业。"[①]充足的物质资料和运行资金构成了武术健身的基本要素。武术健身业的相关行业包括武术健身咨询业、武术培训业、武术旅游业等。

二、武术健身业的基本特点

武术健身业属于第三产业,因此第三产业的一般共性也是武术健身业的基本特征,主要表现为产出、买卖、消费等活动基本同时进行,不能转移、不可存储等。

除此之外,武术健身业还有自身的独特性,具体表现在以下几个方面:

(一)健身娱乐

武术健身是大众休闲健身和全民健身的重要组成部分,不具有很强的对抗性,但有较强的娱乐性。武术健身的内容丰富,练习形式多样有趣,且有深厚的文化底蕴,散发着中国古代传统哲学的魅力。武术健身产业中包含有大量的武术娱乐活动,人们在工作之余的休闲时间参与这些运动,以促进身心健康,从而过上快乐、幸福的生活。大众对武术健身项目的选择具有自主性,锻炼形式也比较灵活。

(二)依赖性

消费者对某件产品的总体评价能够充分反映出该产品的消费情况;劳务技术人员业务素养的好坏直接决定了产品消费中服

---

① 马升云.西安市武术健身业发展现状及对策研究[D].西安体育学院,2013.

务质量的高低。消费者对服务质量非常看重,而劳务人员本身决定了服务质量,所以武术健身业的发展在很大程度上依赖于技术人员本身。

(三)迎合性

从经济学角度来看,有些物品是私人物品,有些物品是大家共同拥有、可以分享的物品。如同中华民族传统文化,其在全民族的生活中慢慢渗透,融入其中,影响了各地、各民族的社会责任观的形成。也促进了各地不同的具有稳定性的民风习俗的形成。武术健身也有相似的特性。因为一个事物只有不断接受人们的锻造,才能生存下来,并长期发展流传下去,中华民族文化正是因为这样才得以传承和弘扬的。作为中华民族共同的精神结晶,武术健身行业具有公共性质,属于大家共同拥有的可以共享的产品资源。

(四)可替代性

产业经济学理论指出,在同一个产业领域中生产的不同产品是具有相同性质或相同属性的,武术健身行业中的健身项目虽然丰富多彩,各式各样,但是项目本身的存在具有相同的价值,即提供技术劳务,使武术消费者的健身娱乐需求得到满足。因此这些具有相同价值的武术健身项目之间在某种意义上是可以相互替代的。

三、武术健身业形成的原因分析

(一)经济因素

改革开放后,我国经济发展速度提升,人民生活质量大幅度改善,基本生活需求逐渐得到满足,基本消费理念和消费习惯也发生了变化,消费层次有了提升,这都是社会经济蓬勃发展带来

第七章 武术健身产业的发展研究

的积极影响。在我国宏观经济形势较好的城市,人民物质生活基本都有所保障,在此基础上人们产生了对精神生活的需求,且这种需求越来越高,越来越强烈。具体表现为,体育健身参与者不断增加,大众健身场所和健身会所越来越多,人均健身场地面积也有了增加,再加上体育产业的不断发展,以全民健身为主的武术健身娱乐市场逐渐得到开发,并得以发展。

(二)社会观念因素

社会心理学理论中提到,舆论会不同程度地影响人们的思维和个人行为,这种影响会通过媒体不断扩大。传媒具有广泛的影响力,人们的思想观念、生活习惯都在很大程度上受此影响。在武术健身业的形成与发展中,大众传媒起到了极大的作用。通过加大大众传媒的宣传力度,对武术健身市场的规范投资信息加以全面掌控,并予以科学指导;多次重复的广告宣传详细解说武术的健身价值,向大众灌输基本武术思想,使武术健身人群逐步扩大,武术市场氛围越来越浓厚。

在我国传播业的发展中,体育新闻传播的出现是比较早的。但关于武术健身市场的宣传,大都采用的是传统方式,如传单宣传、朋友之间的口头传播等,很多人都是通过这些传播方式才知道运动会开幕式和闭幕式的时间和表演节目、社区里组织的武术健身活动及民间组织的传统武术比赛等武术相关赛事信息。在信息时代,现代化的传播方式占主流,原始的宣传方式逐渐被淘汰。开发与培育市场需要生产方精心策划,宣传方式决定了市场占有率的大小,高效的宣传和科学的市场引导可大大推动武术健身业的发展。

我国文化底蕴深厚,传统文化光彩夺目,散发的光芒格外耀眼,在武术宣传中,应从各地浓厚的本土文化入手确定宣传角度与宣传方式,只有民族的才是世界的,这样才能使民族自豪感和优越感进一步增强。从这个层面进行武术健身市场宣传,将会不断扩大武术健身市场的规模。

第三节 武术健身业的发展情况分析

本节以西安体育大学马升云的调研结果为参考依据,主要从经营层和消费层两个方面来分析我国武术健身业的发展情况,并从中发现问题。

一、武术健身业中经营层的基本情况

为了了解我国武术健身业经营层的基本情况,特在我国各大城市中随机挑选15家武术馆展开问卷调查。调查内容与结果分析如下:

(一)武术健身场所经营者的情况

调查发现,这15家武术馆均由男性经营,经营者平均年龄43岁,这些经营者中,习武时间长且在武术理论与技艺上有较高造诣的达80%,但他们的共性都是学历偏低,大都是中专及其以下学历。

(二)武术健身场所的经济性质

表 7-1 武术健身经营单位属性调查结果(n=15)[①]

经济性质	频数	比例
集体性质	3	18.2%
个体性质	12	81.8%
合资性质	0	0.0%
总计	15	100%

① 马升云.西安市武术健身业发展现状及对策研究[D].西安体育学院,2013.

第七章　武术健身产业的发展研究

从表 7-1 的调查结果来看,我国武术经营企业的经济属性不是单一的,有集体、个体、合资等多种性质。目前,武术经营企业以私人企业为主体,占比在 80% 以上,可见个人投资办企业已成为社会的主流,而且也说明非公有制经济的国民经济中的重要地位,这种性质的武术经营企业对武术健身娱乐业的健康快速发展具有促进意义。

(三)武术健身场所的审批

表 7-2　武术健身场馆审批情况调查结果(n=15)[①]

审批部门	频数	比例
体育局	5	33.4%
工商局	2	13.3%
没有	8	53.3%
总计	15	100%

武术健身经营场所在正式运营前应该有专门机构进行审批。但调查结果显示,没有经过注册的武术健身场所占 53.3%,由市工商局授权、体育局授权的武术健身场分别占 33.4%、13.3%,这反映了武术健身市场运行不够规范,缺乏严格的管理,监督和检查力度不够,从而造成了较为混乱的市场秩序。

(四)武术健身场所的规模

从调查数据来看,我国武术健身场所的投资规模大小不一,层次有高有低。从投资额来看,只有 1 家武术馆的投资额超过 30 万元,占 6.0%。投资额在 5~15 万之间的武术经营单位居多,占 59.0%,投资额在 15~30 万之间的有 18.4%,还有 16.6% 的投

---

① 马升云.西安市武术健身业发展现状及对策研究[D].西安体育学院,2013.

资额在 5 万元以下。

表 7-3　武术健身经营单位的投资额调查结果(n=15)[①]

投资额(人民币)	频数	比例
>30 万	1	6.0%
15~30 万	3	18.4%
5~15 万	9	59.0%
<5 万	2	16.6%
总计	15	100%

从武术健身场所的面积来看，分布在几十平米到上百平米之间。最小的经营单位中工作人员只有 2 名，规模较大的经营单位，工作人员有 30 多人，可见整体上而言武术健身场所的投资规模较小。

(五)武术健身场所的设施配置

调查了解到，大多武术健身场所除了有主要服务项目的硬件建设外，还有一些关于培训服务的软件设施，这主要是为了争取更多的客源，吸引消费者。武术健身场地有些是自建的，有些是租用的，室内的武术健身场所面积都不是很大，在 100~300 平方米之间，室外的健身场地面积较大。投资规模较小的武术场馆只有沙袋、脚靶等常规性设施，而投资规模较大的健身场所除一般设施外，还配有标准擂台、各种力量训练器材、专业防护地毯、洗浴设施等。但这样大规模的武术健身经营单位是少数。

---

① 马升云.西安市武术健身业发展现状及对策研究[D].西安体育学院,2013.

第七章　武术健身产业的发展研究

(六)武术健身场所的主要经营项目

从武术健身场馆的服务项目内容来看,最为常见的是武术套路,相对来说,套路类武术项目较为安全,有很多项目都适合不同年龄段的人参与,健身爱好者可从自己的实际情况出发选择要练习的武术套路。

除武术套路外,散打项目服务的开设也比较广泛,这个项目的消费群体主要是成年人。因为该项目对抗性较强,成年人练习不仅可以防身自卫,还能保护他人,从而更好地应对突发事件。

开设格斗类武术项目的场馆相对较少,其实这项运动比较实用,但因为动作单一,练习者容易失去兴趣,除非是特别爱好者。

开设摔跤项目的场馆寥寥无几,初学者比较难接受这个项目,因为要吃很多苦才能有所成效,因而该项目的受欢迎度不高。

(七)武术健身场所的经营方式

武术健身场所的经营方式是多样的,但几乎都有办理会员身份这个方式。调查了解到,散客和会员消费基本持平的武术健身场所有 86.5%,可见这些场所有相对稳定的客源,这也是武术健身场所经营的一个保障。散客消费比会员消费多的武术健身场所有 11.5%,可见整体上而言业内对会员的发展还停留初级层次。

很多健身场所都会加大对外宣传力度,以此方式来开拓市场,宣传中大都采用传统的人工宣传方式,一对一宣传,传单大都是彩页。也有运用网络媒体等现代化手段进行广告宣传的,但宣传还是不够全面,如有的健身场所虽然设计了自己的专门网站,但主页上只有基本介绍和联系方式,这令浏览者很茫然,不能吸引消费者关注。

此外，还有些场所针对长期稳定的会员中组建运动队，组织参加各种武术比赛和表演，这能够大大提高武术健身场所的知名度和社会影响力。

(八)武术健身场所的盈利情况

现代社会生活消费中，体育健身消费占有一定的比例，其中就包含武术健身消费。而且随着人们生活条件的不断改善，武术健身消费份额和比例将越来越大。

对武术健身场所的负责人进行调查后了解到，55%的武术馆的经营收入只能基本维持场馆开销，30%的武术馆的经营收入除去正常开销略有盈利，剩余15%的健身场所的经营收入无法满足正常开销。可见，武术健身场馆的总体收入状况不佳，需要及时调整经营策略，进一步整合市场。

虽然目前来看，武术健身市场发展不成熟，市场秩序较为混乱，但只要及时解决问题，扩大市场的同时净化市场风气，还是能有所改观的。武术场馆经营者要看到武术健身的潜力，以积极的心态面对武术健身业未来的发展前景。

二、武术健身业中消费层的基本情况

生产和消费是人类社会的基本生活组成要素，劳动力是产品生成的基础，消费者和劳动者之间的关系保证了生产资料的传递、流通，经济社会的发展，必须具备消费行为这个基本前提。武术健身业是文化产业的分支，社会经济的发展程度、社会文化的进步程度都能够从武术健身业的发展水平中反映出来。社会主义物质文明与社会主义精神文明相辅相成，物质的发展使人们追求生活质量、追求更多更高层次的享受，社会也因此而不断提炼人类文化的精华。武术作为一种健身手段和传统文化符号在现代社会中扎根生存，要继续发展下去，就要不断适应社会环境，开

第七章 武术健身产业的发展研究

辟新的出路,而开发武术健身业正是一条适应当前社会的良好出路。武术健身业的发展直接受武术健身消费水平的影响,提高武术健身消费层次,扩大武术消费人口对发展武术健身业至关重要。

下面以武术健身消费作为切入点来分析武术健身业中消费层的基本情况,具体以对355名武术健身消费者的问卷调查结果为中心展开分析。

(一)武术健身消费者的个人基本情况

1. 年龄

表7-4 武术健身消费者的年龄结构(n=355)[①]

年龄分布	频数	比例
<20岁	126	35.5%
20—35岁	37	10.5%
35—55岁	180	50.7%
>55岁	12	3.3%
总计	355	100%

从调查结果来看,武术健身消费群体中,年龄集中分布在35~55岁和20岁以下,也就是青少年和中年人居多。

2. 学历

表7-5 武术健身消费者的学历层次(n=355)[②]

学历	频数	比例
初中及以下	118	33.3%

---

① 马升云.西安市武术健身业发展现状及对策研究[D].西安体育学院,2013.

② 同上.

续表

学历	频数	比例
高中及中专	145	40.9%
大学	84	23.7%
硕士及以上	8	2.1%
总计	355	100%

总体来看,武术健身消费群体的学历层次较低,高学历者所占比例明显较少。

3. 职业

表7-6 武术健身消费群体职业分布(n=355)[①]

职业	频数	比例
学生	160	45.3%
退休人员	72	20.2%
事业单位职员	68	19.1%
自由职业者	48	13.4%
干部	7	2.0%
总计	355	100%

武术健身消费者包含了社会各个阶层的人员,其中45.3%是学生,20.2%是退休人员,19.1%是事业单位职员,13.4%是自由职业者,2.0%是干部。总体来看,学生与退休人员居多,年轻人较少。这主要是因为现代人工作压力大,年轻人更是思想负担重,经常处于身体和心理双重疲惫的状态,他们每天不愿动弹,身体运动量很少,甚至不愿走楼梯,再加上休闲时间少,所以很少锻炼。而学生和退休人的空闲时间较多,也更为关注身体健康。

[①] 马升云.西安市武术健身业发展现状及对策研究[D].西安体育学院,2013.

第七章　武术健身产业的发展研究

（二）武术健身消费者选择武术健身馆的标准

表 7-7　武术健身消费者选择武术健身场所的标准[①]

	频数	比例
服务质量好	144	40.7%
教练员业务素质高	111	31.4%
场馆设备齐全	70	19.6%
价格合理	30	8.3%
总计	355	100%

从表 7-7 的调查统计结果来看，很多消费者都看重武术健身场所的服务质量，这部分消费者占调查总数的 40.7%，排第一位；选择频数仅次于服务质量的是教练员的业务素质，占 31.4%；排第三位的是场馆设施配备，选择频数占 19.6%；最后有 8.3% 的消费者选择价格合理，说明人们生活水平普遍提高，具备支付基本健身消费的能力。

（三）武术健身消费者参与武术消费的项目

近年来，我国城市居民经济收入稳步增加，消费水平不断提高，消费结构也在日渐改善，多样化的消费结构逐渐形成，且体育消费上升趋势显著。但因各方面因素的影响，居民的体育健身消费意识依然较为薄弱，这就导致武术消费水平较低。

调查发现，武术消费群体参与武术消费的主要项目从多到少依次为实物性消费、获得服务、观赏性消费、康复性消费及其他消费等（表 7-8，图 7-1）。

[①] 马升云.西安市武术健身业发展现状及对策研究[D].西安体育学院，2013.

表 7-8 武术消费项目调查表（多选）(n=355)[1]

	频数	比例	平均选择系数
实物性消费	285	80.3%	4.0
服务性消费	32	9.1%	0.4
观赏性消费	23	6.5%	0.3
康复性消费	16	4.5%	0.2
其他	12	3.5%	0.1

注：单项平均值＝总选择人次/项目总数＝355/5＝71
平均选择系数＝单项选择人次/单项平均值＝285/71＝4

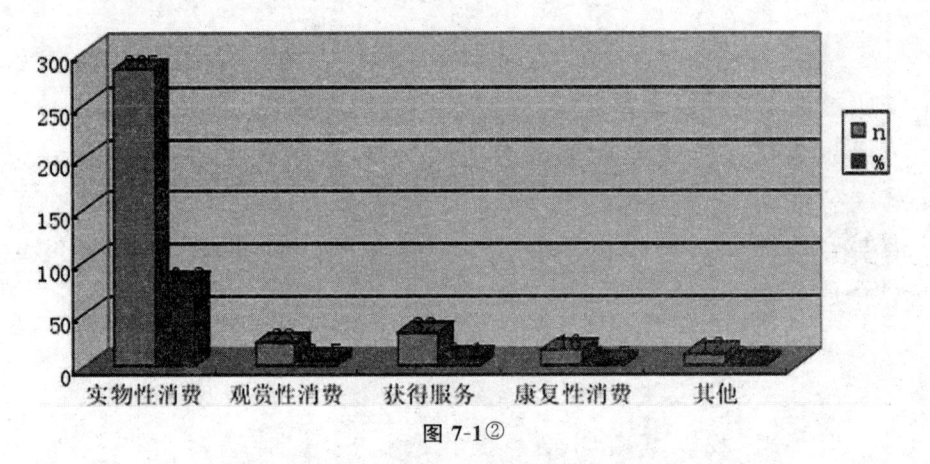

图 7-1[2]

武术消费内容具体包含的要素详见表 7-9。

表 7-9 武术消费项目的内容要素

消费项目	包含要素
实物性消费	武术服装 武术器械 武术书报杂志等

---

[1] 马升云.西安市武术健身业发展现状及对策研究[D].西安体育学院,2013.
[2] 同上.

第七章 武术健身产业的发展研究

续表

消费项目	包含要素
观赏性消费	武术画册和宣传册 武术比赛门票 武术表演门票等
获得服务	健身培训 技术培训等
康复性消费	康复医疗
其他消费	购买纪念品等

调查中还发现,65%左右的消费者能承受的门票价格为50～100元;11.6%的消费者能承受的门票价格在100元以上;能够承受门票价格50元以下的消费者有23.4%。可见武术消费者承受普通武术消费的能力较好,但暂时难以承受高额武术消费。总之,随着人们生活质量的提高,其逐渐形成了科学、健康的武术消费观念。

(四)武术健身消费群体的消费金额

人们参与武术健身经营场所的活动,前提是要有定量的武术消费支出,武术市场的发展规模和整体趋势直接从消费水平的高低中反映出来。社会环境、文化修养、经济收入、武术产品质量和价格、健康意识、消费观念等都是影响武术消费水平的主要因素。

表7-10 武术健身消费者的经济情况(n=355)[①]

月收入(人民币)	频数	比例
<2 000元	159	44.7%
2 000～3 000元	28	8.0%

---

① 马升云.西安市武术健身业发展现状及对策研究[D].西安体育学院,2013.

续表

月收入（人民币）	频数	比例
3 000~4 000 元	150	42.3%
>4 000 元	18	5.0%
总计	355	100%

现代人对健身、娱乐等有较为强烈的追求，在人均可支配收入中，武术消费支出的比例将逐步增加。收入水平的提高是人们进行武术消费的主要保障。近年来，人们的收入较之前有了一定的提高，这就为其追求更高层次的消费奠定了基础。

表 7-11　武术健身消费者的武术健身消费金额（元/每人/每月）（n=355）[①]

消费额	频数	比例
200	152	42.7%
200~300	115	32.5%
300~500	82	23.1%
500 以上	6	1.7%
总计	355	100%

从表 7-11 的调查数据来看，人们在武术健身上的支出总体较少，这部分消费额在人均可支配收入中占较少的比例，这与人们的消费观念有很大的关系，很多人认为进行武术练习不需要花太多钱。由于我国武术产业的发展目前正在从事业型向产业型、经济型转变，在这个过渡时期，整个体制的转变不可能完全快速的实现，而且培养大众的消费观念也是一个长期的过程，需要不断宣传，况且从现阶段的人均消费来看，武术健身业还是有很大发展空间的。

[①] 马升云.西安市武术健身业发展现状及对策研究[D].西安体育学院,2013.

第七章 武术健身产业的发展研究

(五)武术健身消费者参与武术健身消费的目的

在武术健身消费者中,大部分人对武术健身有积极乐观的正确认识,可见作为中华传统文化的特殊表现形式,武术在漫长的发展历史中早已渗透到中华民族的性格、感情和思维方式中。武术在某种意义上是中华民族传统文化的一个缩影,是中华民族发展历史的活化石,其深厚的文化内涵已深入人心。

目前,在我国大众健身中,武术健身项目正在不断普及,在武术健身方面的消费者也在不断增加,这些人之所以愿意在这方面花费一定的资金,主要是看到了武术的多元价值,是为了实现某一种或某些特定的目的(表 7-12,图 7-2)。

表 7-12 武术健身消费者参与消费的目的(多选)(n=355)[①]

消费目的或动机	频数	比例	平均选择系数
增强体质	272	76.8%	7.6
缓解疲劳与压力	241	67.9%	6.7
休闲娱乐	185	52.2%	5.2
发展社交	149	42.0%	4.1
养成健康的生活习惯	143	40.3%	4.0
磨练意志	118	33.5%	3.3
个人爱好	106	30.0%	2.9
防身自卫	97	27.6%	2.7
塑造形体	88	25.0%	2.4
其他	23	6.7%	0.6

注:单项平均值=总选择人数/项目总数=355/10=35.5
平均选择系数=单项选择人次/单项平均值=272/35.5=7.6

[①] 马升云.西安市武术健身业发展现状及对策研究[D].西安体育学院,2013.

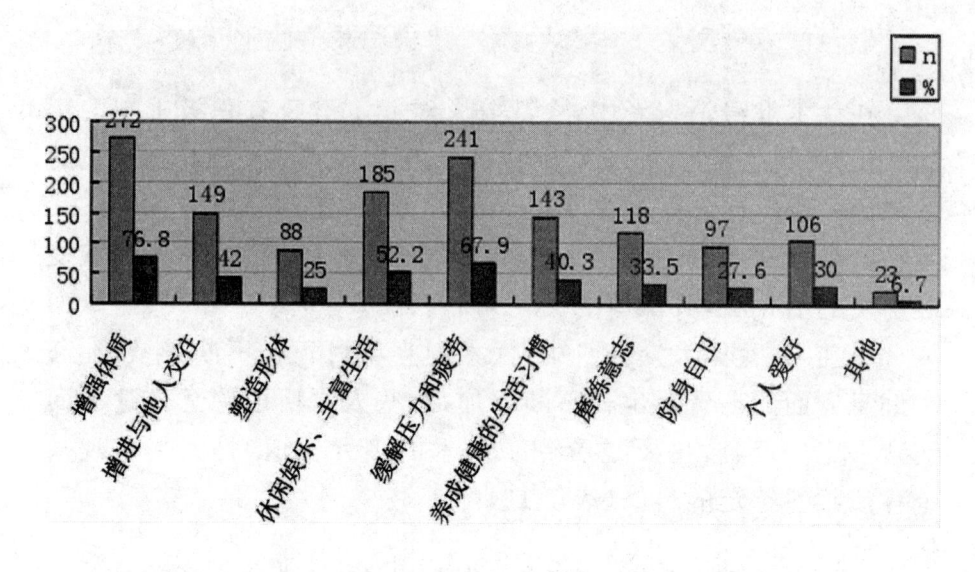

图 7-2①

在参与武术健身消费方面,消费者有各种不同的动机。从以上调查数据来看,为增强体质而在这方面投入资金的消费者占76.8%;67.9%的人进行武术健身消费是为了缓解压力和疲劳;52.2%的人是为了丰富生活,休闲娱乐;42.0%的人为了发展社交,结识朋友;34.5%的人为了通过武术练习而磨练自己的意志;30%的人是出于对武术的热爱而去武术馆进行健身的;以防身自卫、塑造形体为消费目的的分别占 27.6%和 25.0%。

以上调查结果表明,人们对武术的多元功能价值普遍比较认可,对武术的健身、强身、防身等独特功能有深刻的认知,此外对武术的养生治病、观赏、美体、育德、增进友谊等其他功能价值也有一定的认识。人们从自身的需求出发参与武术健身,并投入一定的资金,以满足自己的需要,实现自己的目的。

---

① 马升云.西安市武术健身业发展现状及对策研究[D].西安体育学院,2013.

（六）武术健身消费者参加武术段位考试的情况

表7-13 武术健身消费者参加武术段位考试的情况（n=355）①

参加情况	频数	比例
参加过	143	40.3%
没有参加过	191	53.7%
不清楚	21	6.0%
总计	355	100%

从调查结果来看，参加过武术协会组织的段位考试的武术消费者有40.3%，没有参加过的占53.7%，还有6%的消费者对武术段位考试不清楚、不了解。对此，武术健身场所应加大对武术段位考试的宣传力度，鼓励会员参加武术段位考试，促进会员参与武术健身练习的积极性的提升，从而使武术健身得到更好的普及。

（七）武术健身消费者对武术健身场馆服务质量的满意度

表7-14 武术健身消费者对武术场馆服务质量的满意度（n=355）②

满意度	频数	比例
非常满意	16	4.5%
基本满意	66	18.6%
一般	193	54.3%
不满意	80	22.6%
总计	355	100%

调查结果显示，4.5%的消费者对武术场馆的服务质量表示

---

① 马升云.西安市武术健身业发展现状及对策研究[D].西安体育学院，2013.

② 同上.

非常满意,表示基本满意的占 18.6%,满意度为一般的占 54.3%,另外还有 22.6%的消费者对武术健身场馆的服务质量不满意。总体来看,武术健身场所的武术器材设备在数量、质量上可以使消费者的健身需要基本得到满足,但还有待于进一步提高和优化,还需继续加大资金投入,搞好场馆设施建设,以满足消费者更高层次的需求。

三、武术健身市场存在的主要问题

通过调查我国武术健身业的发展情况,发现武术健身市场中主要存在以下几方面的问题。

(一)武术健身市场结构不合理

武术市场是否成熟,一定程度上从武术市场的结构中体现出来。从经济学视角来看,合理开发与配置市场资源需要以合理有序的市场作为前提条件。经过多年的培育与经营,我国武术市场已初具规模,并获得了一定的经济收益。相对而言,关于武术市场的法规制度发展滞后,不够完善,这就导致武术市场经营具有盲目性,影响了武术市场的规范有序发展。

从我国武术健身市场的总体情况来看,主力军依然是私人经营,武术健身呈现出越来越明显的大众化趋势。但私营企业的投资方向和规模以及经营效益等都普遍存在小、散、乱、差等问题,企业缺乏较强的自我生存与发展能力,而且自我造血功能不足,这就造成了武术健身市场发展的混乱与不平衡。

(二)武术健身场所经营理念落后

武术健身场所是营利性经营单位,经营者最大程度地追求经济效益,希望在节约成本的同时取得高收益。但因为武术健身者中的高收入群体相对较少,所以对武术健身经营场所的经济效益

第七章 武术健身产业的发展研究

造成了一定的影响,这也使武术场馆的社会服务效益降低了。若武术馆可以针对低收入群体开设服务项目,扩大服务范围,就有可能同时获得社会效益和经济效益。

有些武术健身场所降低了门槛,以较低的收费标准来吸引消费者,有的甚至提供免费服务,即免费提供健身场地、器材设施和服务指导,表面来看这些武术健身经营场所为了社会效益而牺牲了经济效益,其实并非如此,因为武术健身场所通过这种方式吸引了顾客,为自己做了宣传,可以说这是一种可靠的广告投资手段。但也有些武术健身场所因缺少资金而无法改善硬件设施条件,也无法招聘到高水平的武术指导员,所以会员流失现象严重,同时影响了经济效益与社会效益。

(三)专业人才缺失

武术健身场所的经营管理人员应该是既会武术、又懂经济和法律的新型人才。但我国武术健身经营场所的经营者普遍缺少专业的业务能力,而且学历较低,专业人才很少。有些经营者虽然是大学学历,但高校开设的武术课程较为单一,对相关的法律知识、营销知识很少传授,所以对武术专业大学生的发展方向造成了影响。还有一部分经营者既不是专业的经济学者,也不是武术专业人才,他们不是特别了解武术健身娱乐,所以无法准确把握经营方向。还有一些完全自负盈亏的私营者面对较为沉重的税收和场租负担,已经失去了继续经营下去的信心。

此外,有的武术健身经营场所的教练员虽然有过硬的专业技术,但文化素质较低,在业务指导上不够全面,导致顾客流失,这对武术健身场所的发展造成了严重的影响。

(四)武术健身市场缺乏健全的信息交流机制

企业经营活动的开展以市场信息为指引,市场信息的作用如同指南针,市场经营中各种信息的交流与传递促进了武术健身市场的发展。目前,我国武术健身经营场所大都是自我封闭、自主经营模式，没有充分掌握市场需求信息，也不会利用这些信息，跟不上信息更新的速度和市场的变化节奏，所以出现了盲目的投资行为，而且投资也是断断续续的，这对武术健身市场的健康发展非常不利。

第四节 推动武术健身业可持续发展的对策研究

一、培育健康规范的武术健身市场

发展武术健身产业，关键是要培育好武术健身市场。而选择好武术健身项目是拓展武术健身新领域的关键。在武术健身市场的培育中，需做好以下工作：

首先，大力发展经济，促进群众经济收入与消费水平的提升。

其次，全方位进行武术培训，将各部门的技术、人才资源优势充分利用起来，面对不同需要的群体创办不同层次的武术培训班，提高大众的武术技能，对群众武术健身消费给予正确的引导。同时，要放眼未来而开展新项目，勇于创新。

再次，建设优秀的基层企业队伍，对既懂武术又懂经济和法律的武术经营人才进行培养，争取将武术健身市场作为武术产业市场的核心来培养。

最后，对行业规范服务标准进行制定，对经营者和消费者的合法权益加以保护，优先管理市场前景较好的活动项目。

二、树立商业化经营理念

树立健康正确的经营理念是实现科学化经营的基础条件。武术健身场所的负责人应从自身条件出发，树立正确的商业化经营理念，以市场为指导，以客户为中心，以服务质量为宗旨。面对

第七章　武术健身产业的发展研究

武术健身场所规模小的问题,应集中精力扩大消费者数量、提高服务质量,从而创造可观的经济效益。在这方面,可通过问卷调查的方式对消费者的需求加以了解,根据消费者的普遍倾向开设武术课程。

在武术健身场馆的课程教学中,教练员要意识到自己肩负着弘扬中华武术的重任,力争让学员学有所成,并懂得回馈社会。我们应摒弃传统"门户"观念的陋习,将国外先进的经营理念引入我国,学习先进的理念,实施开放式经营,在新项目上不断创新,这样才能适应社会日新月异的发展。

三、重视对武术健身场所经营者的培训

人才是武术健身娱乐业发展的关键性资源,经营者的数量、质量对武术健身场所的经营效益有决定性的影响。因而在发展武术健身业的过程中要将人才问题作为首要工作来抓,打破部门界限,对懂经营会管理的新型人才进行多渠道、全方位的培养,提高经营者的业务能力和管理能力。

此外,要对一批现代武术产业的经营者进行有计划的培养,从经营市场中选择优秀经营人才,力争从年龄、学历、素质等各方面整体改善和优化整个武术健身行业的人才结构。

目前,对武术健身市场中现有工作人员的培训也是一大工作重心,培训的宗旨是提高服务质量,培训涉及运动训练学、教育学、解剖学、生理学、经济学、管理学等多学科内容。经过培训,使从业人员的综合素养得到提高,使其能根据不同消费者的需求提供高质量的服务。此外,要严格落实持证上岗制度,鼓励从业人员考取相关资格等级证书,以规范从业市场。

四、构建高效、公开的信息交流平台

武术健身产业的管理层通过市场信息的引导可以使武术健

身场馆在经营中少走弯路，更明确经营方向，从而促进武术健身市场的健康、有序发展，使经营场所的市场投资行为更规范。利用现代网络的便利性，可以迅速掌握准确的、全方位的市场信息，从而根据市场情况来开发服务项目。

参考文献

[1]袁新国.中国传统武术的健身理论与项目实践探究[M].北京:中国纺织出版社,2018.

[2]张风雷.武术防卫实战技法精粹[M].北京:人民体育出版社,2018.

[3]国家体育总局武术研究组.武术功法[M].北京:高等教育出版社,2018.

[4]李德祥.中华武术教程[M].北京:中国人民公安大学出版社,2018.

[5]李娅楠.中国武术文化传承与多元发展的研究[M].北京:中国商务出版社,2018.

[6]黄开斌.健康中国:国民健康研究[M].北京:红旗出版社,2016.

[7]杨忠伟.体育运动与健康促进[M].北京:高等教育出版社,2004.

[8]李相如,苏明理.全民健身导论[M].北京:高等教育出版社,2008.

[9]国家体育总局健身气功管理中心.健身气功·十二段锦[M].北京:人民体育出版社,2009.

[10]吴志勇.健身武术[M].武汉:湖北科学技术出版社,2007.

[11]金文泉,李广周.太极养生真法:养精、补气、调伸[M].北京:科学出版社,2010.

[12]邱丕相,蔡仲林.传统体育养生教程[M].北京:高等教

育出版社,2011.

[13]邱丕相.中国传统体育养生学[M].北京:人民体育出版社,2006.

[14]国家体育总局健身气功管理中心.健身气功:太极养生杖、导引养生功十二法、十二段锦、马王堆导引术、大舞[M].北京:人民体育出版社,2012.

[15]方国清,黄晓.中国传统武术健身学导读[M].杭州:浙江工商大学出版社,2016.

[16]钟为民,徐宏魁,王彦庆.传统武术与健身研究[M].长春:吉林大学出版社,2012.

[17]徐培文,杨建英.高职武术健身与防卫[M].杭州:浙江大学出版社,2012.

[18]张彤,马杨,任素卿.传统武术健身的现代审视与方法指导[M].北京:中国时代经济出版社,2014.

[19]王金柱.推拿技巧与武术健身[M].北京:中医古籍出版社.2010.

[20]刘利生.武术健身运动常识[M].西安:陕西科学技术出版社.2008.

[21]崔浩澜.武术健身理论研究[M].北京:知识产权出版社,2008.

[22]林建华,郭琼珠.武术与健身教程[M].厦门:厦门大学出版社,2007.

[23]邱丕相.武术初阶[M].上海:上海教育出版社,2012.

[24]王锋朝.武术推手[M].北京:人民体育出版社,2012.

[25]马睿.传统武术文化阐释与训练实用指导[M].北京:中国水利水电出版社,2017.

[26]卢月强,徐泉永.武术与体育健身方法导引[M].成都:西南交通大学出版社,2015.

[27]朱瑞琪.武术散打技术理论与裁判[M].北京:人民体育出版社,2015.

[28]李红军.论新形势下的武术与全民健身[J].沧桑,2010(10).

[29]陈伟.武术在全民健身中的地位和作用[J].运动,2014(18).

[30]刘云东等.论武术在全民健身中的作用与延伸性发展[J].搏击·武术科学,2015(03).

[31]杨永强.论武术运动对心理健康的影响[J].吉林体育学院学报,2007(05).

[32]王强.探析中国武术产业化之路[J].搏击(武术科学),2011,8(12).

[33]瞿先国.社区居民健康自我管理行为现状及影响因素研究[D].杭州师范大学,2016.

[34]李强.沈阳市社区居民亚健康状况及其影响因素分析[D].吉林大学,2008.

[35]李晓琳.我国公民健康状况及影响因素研究[D].首都经济贸易大学,2018.

[36]周高远.从养生角度论传统武术的可持续性发展[D].河南师范大学,2014.

[37]平金来.山东省中小学武术健身养成教育研究[D].曲阜师范大学,2013.

[38]许文.北京市社区武术健身活动开展现状及对策研究[D].北京体育大学,2012.

[39]潘俊祥.北京市高校武术健身现状及推广策略的研究[D].北京体育大学,2014.

[40]马升云.西安市武术健身业发展现状及对策研究[D].西安体育学院,2013.

[41]郝文亭.武术运动与心理健康[A]//中国体育科学学会运动心理学专业委员会、中国心理学会体育运动心理学专业委员会.第8届全国运动心理学学术会议论文汇编[C].中国体育科学学会运动心理学专业委员会、中国心理学会体育运动心理学专业

委员会,2006:5.

[42]杜新宝.中国武术产业化探究[A]. Hong Kong Education Society. Proceedings of 2012 Third International Conference on Education and Sports Education(ESE 2012 V5)[C]. Hong Kong Education Society,2012:5.